Karen Salmansohn

I will survive

Gute Ideen für schwierige Zeiten

THIELE VERLAG

ISBN 978-3-85179-101-3

Aus dem Amerikanischen übersetzt
von Heike Rosbach

Originalverlag: Workman Publishing Company, Inc. New York
Originaltitel: The Bounce Back Book

Illustration: Grip Design
Innengestaltung: Nikki Lo Blue
Gestaltung der deutschen Ausgabe: Paxmann text • konzept • grafik
Gestaltung des Covers: Christina Krutz
Druck und Bindung: Grasl Druck & Neue Medien, Bad Vöslau

www.thiele-verlag.com

Der »Vortex«, so nenne ich das.

Jeder erlebt im Leben mal seinen »Vortex« (mindestens einen!) – und damit meine ich eine Phase, in der man auf scheinbar unüberwindliche Art und Weise auf die Probe gestellt wird, eine Zeit, in der alles schiefgeht und man sich in einer unkontrollierbaren Abwärtsspirale befindet.

Ein Vortex ist ein Wirbel, ein Strudel, eine Turbulenz, der nicht nur mit Physik, sondern auch mit der Physik menschlichen Unglücks zu tun hat.

Vielleicht hattest du deinen Vortex mit dreizehn, als dein Vater oder deine Mutter unerwartet starb.

Oder mit vierundzwanzig, als du nicht nur erfahren hast, daß deine Schwester Brustkrebs hat, sondern im gleichen Monat auch noch gefeuert wurdest.

Oder mit neunundzwanzig, als sich herausstellte, daß du keine Kinder haben kannst.

Oder mit zweiundvierzig, als du gerade mitten in der Scheidung stecktest.

Oder mit einundfünfzig, als du dich glücklich in die Rente verabschiedet hast, nur um dann festzustellen, daß den lieben langen Tag Golf zu spielen ein todsicherer Weg in die Depression ist.

Mein Vortex dauerte ungefähr ein Jahr, und in dieser Zeit passierten so viele schlimme Dinge, daß ich nur noch darauf wartete, wann hinter der Birkenfeige in meinem Wohnzimmer das Team von *Versteckte Kamera* hervorkommen würde. Als erstes hatten mich sowohl der Immobilienmakler, als auch mein Anwalt für Immobilienrecht und die Umzugsfirma, die ich anheuerte, schamlos übers Ohr gehauen. Danach erteilte mir ein alter Geschäftsfreund den Auftrag, mir ein neues cooles Design für die Verpackung von Schokoriegeln einfallen zu lassen, und zahlte dann einfach nicht.

Doch das war noch gar nichts im Vergleich zum absoluten Tiefpunkt meines Vortex: die sexuelle Nötigung durch einen guten Bekannten, dem ich so etwas im Traum nicht zugetraut hätte. Anschließend rief ich völlig verzweifelt bei meinem Exfreund und langjährigen Vertrauten Eric Gertler an, einem ehemaligen Anwalt. Ich dachte, da er das Gesetz und auch mich sehr gut kannte, wäre er ein guter Ratgeber. Wir trafen uns in unserem Stammcafé. Ich war in Tränen aufgelöst.

»Wie kann jemand nur so ... so ... so böse sein?« fragte ich.
»Die Menschen sind nicht böse. Sie sind schwach«, sagte Eric.
Schwach? Das Wort beruhigte mich irgendwie.

Als ich später zu verstehen versuchte, warum ich das Wort »schwach« dem Wort »böse« vorzog, begriff ich, daß »Schwäche« bedeutet, es besteht zumindest die Hoffnung, daß sich jemand, der etwas Böses getan hat, ändert. Am wichtigsten aber war, daß auch für mich die Hoffnung bestand, einen Weg aus meinem Vortex zu finden, wenn ich beschloß, selbst nicht schwach zu sein.

**Die Erkenntnis traf mich wie ein Schlag.
Du hast im Leben immer die Wahl.
Sei schwach oder sei stark.**

Welchen dieser beiden Wege man wählt ist letztlich entscheidend für die Fähigkeit, alle Rückschläge, Krisen oder Traumata des Lebens zu bewältigen. Das Leben wartet mit den unterschiedlichsten Herausforderungen auf, und wenn man schwierige Zeiten überleben will, muß man ganz bewußt die Anstrengung und Disziplin aufbringen, ein starker Mensch zu sein. Es ist entscheidend, im Innern einen festen Willen aufzubauen, sich mit der Kraft der Entschlossenheit zu wappnen, und zu beschließen, das stärkstmögliche Selbst zu sein.

Natürlich ist es einfacher, sich in Depression und Angst zu ergehen als widrige Umstände zu überwinden. Keiner weiß das so gut wie ich, denn auch ich wählte zunächst diesen schwächeren Weg.

Anfänglich war ich von dem sexuellen Übergriff vollkommen traumatisiert. Ich bekam Beklemmungen, sobald ich mich unter Leute begab. Wenn ich im Café am Schreiben war und ein Fremder mich ansprach, fing mein linkes Auge an zu zucken. Und nein, das lag nicht am Koffein. (Glaubt mir, ich bin Espresso-Profi. Und ich bin Profi im lockeren Smalltalk mit Fremden.)

Nach meinem Erlebnis tendierte ich automatisch dazu, alle Menschen auf Distanz zu halten. Ich hatte Schwierigkeiten, jemandem zu vertrauen. Das war selbst bei Leuten so, die ich seit Jahren kannte. Immerhin hatte ich erlebt, wie sich Menschen von einer Sekunde auf die nächste verändern können. Mein Verhalten anderen Menschen gegenüber wurde auf fast schon krankhafte Art misstrauisch. Vor allem, was Männer betraf.

Ich nahm zwölf Pfund zu, was bei meiner Größe von knapp einem Meter sechzig einer Tonne gleichkam. Unbewußt glaubte ich wohl, es bedeute Sicherheit, wenn ich zwischen mir und den sexuellen Gelüsten eines Mannes einen breiten Puffer aus Fett aufbaute. Das Zunehmen war einfach. Ich hatte von dem Geschäftsfreund, der mich nicht bezahlt hatte, noch bergeweise Schokolade in meinem Apartment herumliegen. Er war ein schlechter Geschäftsmann, aber er machte verdammt gute Schokolade!

Nur zu bald führte diese Aufwärtstendenz des Körpergewichts zu einer weiteren emotionalen Abwärtsspirale. Ich war über meinen dicken Hintern frustriert, was meinen Wunsch, zu Hause und weit weg von Menschen, dafür aber nah bei meinen geliebten Schokoriegeln zu sein, noch verstärkte.

Ich war Autorin von Selbsthilfebüchern! Warum konnte ich mir nicht selbst helfen, da wieder rauszukommen? Manchmal, wenn mir die wachsende Diskrepanz zwischen dem, was ich eigentlich war, und dem, wie ich mich aufführte, zu Bewußtsein kam, murmelte ich mir in spöttischem Ton zu: »Und hier ein Blick hinter die Kulissen der großen Ratgeberin ...«, und packte den nächsten Schokoriegel aus.

Ehrlich, ich war überrascht, daß ich diesen schwachen Weg der Schokolade und des Rückzugs in die Einsamkeit gewählt hatte.

Ich habe mich selbst immer als sehr starke Person gesehen, und auch die Menschen, die mich gut kennen, tun das. Mein Freund David stellte mich einmal auf einer Party vor als: »Das ist Karen. Sie ist eine ›Macherin‹.« Für die meisten meiner Freunde bin ich diszipliniert und voller Elan. Tief in meinem Herzen glaubte ich, dieses »disziplinierte und schwungvolle Selbst« wäre mein wirkliches Ich. Doch wenn ich in einer Krise nicht »diszipliniert und schwungvoll« war, war ich dann wirklich dieses Ich oder doch eine ganz andere? Ich dachte darüber intensiv nach und kam schließlich zu folgender Erkenntnis:

Was für ein Mensch du wirklich bist, zeigt sich daran, wie du dich in Zeiten von Konflikten und Krisen verhältst.

Das stärkste und beste Selbst zu sein, wenn alles glattläuft, ist einfach. Doch der wahre Charakter zeigt sich erst an der Art und Weise, wie man mit den Rückschlägen und Krisen im Leben zurechtkommt. Wenn man in schwierigen Zeiten stark sein kann, dann ... ja, dann IST man eine disziplinierte und schwungvolle Person. Und diese Eigenschaft macht dich nicht nur zu einem sehr coolen Menschen, sondern auch zu einem sehr glücklichen.

So wie es Willenskraft erfordert, sich während einer Diät trotz verlockender kulinarischer Optionen an eine gesunde Ernährung zu halten, erfordert es auch Willenskraft, in Krisenzeiten ein positiver und glücklicher Mensch zu bleiben. Im Grunde ist für ein glückliches Leben – bei all den vielfältigen Problemen, die es mit sich bringen kann – Anstrengung und Arbeit notwendig. Glücklichsein ist nichts für Weicheier! Deshalb mußt du eine langfristige Vision dessen entwickeln, was für dich von einzigartigem Wert ist – was dich deines Wissens nach am glücklichsten macht –, damit du diese Werte im Blick behältst, ganz gleichgültig, welche Probleme und Sorgen auftauchen.

Ich weiß, auf was ich Wert lege: Für mich ist es wichtig zu lieben, geliebt zu werden, kreativ, gesund, sexy und selbstbewußt zu sein und das Gefühl zu haben, zu wachsen (damit meine ich nicht an den Oberschenkeln, sondern an Seele und Geist). Und eines weiß ich: Das Leben stellt fortwährend unsere Fähigkeit auf die Probe, diese Dinge zu fühlen.

Wenn es tatsächlich eine Empfehlung für das beste Leben gäbe, könnte sie lauten: »Behalte das Glück im Blick, selbst wenn du im Auge des Sturms festsitzt.«

Und noch etwas dürfen wir »glücklichen« Unglücklichen nicht vergessen: Oftmals entsteht das größte Glück im Leben aus der Bewältigung einer Krise und dem Heranreifen zu einem stärkeren und besseren Menschen. Tatsächlich hat Aristoteles, einer meiner Lieblingsphilosophen, sehr ausführlich darüber geschrieben, daß das wahre Glück nicht von den Freuden des Körpers und Egos ausgeht, sondern von Erlebnissen, die deinen Kern – deine »Seele« – stimulieren, und uns damit herausfordern und inspirieren, als Mensch unser höchstes Potential zu erreichen.

Wie du vermutlich weißt, müssen Haie, um überleben zu können, ständig in Bewegung bleiben. Wir Menschen müssen uns unablässig emotional nach vorne bewegen, wenn wir unsere Lebensgeister lebendig halten wollen – ansonsten werden diese verblassen und schließlich schwinden. Im Grunde gilt:

Entweder du entwickelst dich zu einem größeren, besseren Menschen, oder du schrumpfst zu einem einsamen verbitterten Menschen. Und mit »entwickeln« meine ich nicht, daß du einfach einen Haufen Selbsthilfebücher liest, Yoga machst, an Müsliriegeln knabberst und hochtrabende, das Ego bestätigende intellektuelle Gespräche führst.

Eine alte Redensart besagt: »Es gibt Menschen, die wissen, wo es ist, sie wissen nur nicht, WAS es ist.« Es kommt nicht darauf an, wieviele Bücher man liest oder Meditationskurse man besucht, wenn man das nur mechanisch und ohne echtes inneres Wachstum tut.

Also WAS *ist* »wachsen«? Es ist die emotionale Anstrengung, die man aufbringen muß, um den Menschen, der man ist, besser zu machen – sich dem Kernschmerz zu stellen und daran zu arbeiten, sich zu strecken und zum stärksten, klügsten Selbst auf höchstem Niveau zu werden. Ja, ich glaube, die größte Belohnung da draußen befindet sich in Wirklichkeit gar nicht DA DRAUSSEN. Die liegt IN UNS DRINNEN! Die größte Belohnung ist das Wissen, daß man sich weigert, sich mit weniger als dem zufriedenzugeben, was man im besten Fall sein kann. Und nichts ist erfüllender und spannender als die Feststellung, man ist ein Mensch geworden, den man in seinen kühnsten Träumen nicht für möglich gehalten hat.

Mein Vortex machte mich zu dem, was ich heute bin, und die gute Nachricht lautet: Ich mag mich jetzt um so mehr. Ich mußte mich zwischen zwei Möglichkeiten entscheiden:

1. Sei schwach. 2. Sei stark.

Und als es hart auf hart kam, entschied ich: »Sei stark«, Kleines!

In dem Kinofilm *Wag the Dog* sagt sich der Hauptdarsteller, der von Dustin Hoffman gespielt wird, jedesmal wenn er sich vor einem neuen Problem sieht: »Das ist nichts! Das ist NICHTS!« Das meine ich. Nachdem ich durch meinen Vortex gegangen bin, fühle ich mich nun besser gerüstet, mit künftigen Problemen fertigzuwerden. Und weißt du was? Mir werden auch weiterhin schlimme Dinge passieren. Und nicht nur mir, jedem von uns. Das mag uns nicht gefallen, doch schlimme Ereignisse sind auf diesem Planeten genauso »gottgegeben« wie die Schwerkraft.

Du kannst die Realität auch jetzt gleich akzeptieren: Du wirst in deinem Leben weiter Höhen und Tiefen durchmachen. So etwas wie einen endlosen Flow gibt es nicht. Leider kann sich das Leben manchmal wie Ebbe, Ebbe, Ebbe, kurze Flut, wieder Ebbe, Ebbe, Ebbe anfühlen. Und deshalb ist es wichtig, die richtigen Bewältigungsstrategien für den Umgang mit den Herausforderungen des Lebens zu entwickeln.

Ein alter buddhistischer Satz lautet: »Der Mensch kann nicht all die unendlich vielen mit harten Steinen gepflasterten Wege dieser Welt mit einem weichen Lederteppich zudecken. Aber der Mensch kann weiche anschmiegsame Ledersandalen an den Füßen tragen, um sich auf seiner Reise zu schützen.« Das gleiche gilt für unglückliche Ereignisse. Du kannst sie nicht ausrotten. Aber du kannst Bewältigungstools, -techniken und -philosophien erwerben, die dich schützen und dir die nötigen Mittel an die Hand geben, dich voranzubringen. Und da kommt dieses Buch ins Spiel. Mein Ziel beim Schreiben von *I will Survive* war es, die Werkzeuge und Lektionen weiterzugeben, die ich bei meiner Rückkehr aus der Krise entdeckt und gelernt habe.

Auf den folgenden Seiten findest du 75 Strategien, die auf der Glücksforschung, auf medizinischen Studien, der Positiven Psychologie, fernöstlichen Meditation, ja sogar der griechischen Philosophie basieren. Ich habe jeweils das geballte Wissen eines Experten auf einen leichtverständlichen, potentiell lebensverändernden Tip heruntergebrochen, der zeigt, wie man Widrigkeiten übersteht und die Forschungsergebnisse dazugestellt, die diesen Punkt so überzeugend machen. In einige der »SURVIVAL-STRATEGIEN« habe ich konkrete Übungen und Techniken von Therapeuten aufgenommen, die dir beim sogenannten »Refraiming« helfen werden, deine Probleme anders zu sehen – und folglich auch anders zu *empfinden*.

Ich weiß natürlich, daß ein Buch nicht allen Menschen gleichzeitig gerecht werden kann. Einige Leser erholen sich vielleicht gerade von einem schlimmen persönlichen Schicksalsschlag, während andere möglicherweise gerade einen Rückschlag durchmachen, der sie vor verschiedenste Herausforderungen stellt. Infolgedessen werden manche Tips passender und hilfreicher sein als andere, je nachdem, welcher Natur dein Problem ist und an welcher Stelle im Heilungsprozeß du dich gerade befindest. Ich hoffe, daß die meisten Tips dir sofort helfen und dich auf neue Ideen bringen. Falls du einige Vorschläge »zu leicht« für die schwere Last findest, mit der du dich gerade herumschlägst, so steht es dir frei, diese zu überspringen und erst zu ihnen zurückzukehren, wenn es dir schon etwas besser geht.

Wer meine Ratgeber kennt, weiß, daß man dort nicht nur Ernsthaftigkeit, sondern auch Humor findet. Humor ist meiner Meinung nach ein großartiges »Instrument der Erleuchtung«, da er sofort die Stimmung aufhellt und einen aus der Selbstbezogenheit herausholt, so daß man auch offen ist für das so dringend benötigte Licht der Erkenntnis!

Und noch etwas: Alles, was ich in diesem Buch predige, habe ich selbst praktiziert. Es funktioniert.

Ich wünsche dir Stärke in Hülle und Fülle,

Karen

KAREN SALMANSOHN

Vorwärts

Wenn du hier ein für Bücher typisches Vorwort erwartest,
irrst du dich. Das was du hier bekommst, ist besser.
Es ist der erste aufbauende Survival-Tip …

Tip 1: Sei ein Vorwärts-Denker.

SURVIVAL-STRATEGIE:

Wann immer du versucht bist, in der Vergangenheit zu versinken, sag dir mantraartig dies eine Wort: **Vorwärts.** Ruf dir einen positiven Gedanken und eine ebensolche Handlung ins Gedächtnis und verwende diese, um dich **vorwärts** zu bewegen. Wenn du versucht bist, in ein negatives regressives Verhalten zurückzufallen, so ersetze es durch eines, das dich **voranbringt**.

Tip 2

Was du gerade durchmachst, ist normal.

Tip 3

So etwas wie normal gibt es nicht.

Du bist nicht allein. Dich hat das Schicksal nicht als einzigen dazu auserkoren, zu leiden.

Jeder erlebt Zeiten intensiver Schwierigkeiten. Diese Schwierigkeiten können sein: Krankheit, Scheidung, Jobverlust, Fehlgeburt, das Selbstbewußtsein zerstörendes Scheitern, Liebeskummer, Gewalt, physisches Trauma, Verrat, finanzielle Probleme und dann noch ...

Vielleicht erkennst du dich in diesen Kategorien sogar mehrfach wieder. Und das ist in Ordnung. Ja, sogar normal. Du hast einen Schlag abbekommen. Vielleicht sogar eine volle Breitseite.

Ja, das Leben steckt voller Überraschungen.

Und genauso vielfältig sind deren Nachwirkungen.

Emotional: Depression, Angst, Furcht, Streß, Wut, Schuld, Trauer, Scham, erschüttertes Selbstwertgefühl, Verlorenheit, Erdrückungsgefühl.

Kognitiv: Unkonzentriertheit, verkürzte Aufmerksamkeitsspanne, Gedächtnisprobleme, Entscheidungsschwäche, sich im Kreis drehendes Denken, Albträume, Flashbacks.

Physisch: Muskelzittern, Brustschmerzen, Atemprobleme, Kopfschmerzen, hoher Blutdruck.

Verhalten: Rückzug, vermehrter Alkoholkonsum, Schlafstörungen, Veränderung der Essgewohnheiten, Zerrüttung der Arbeitsgewohnheiten, sexuelles Desinteresse.

Erkenne: All diese Nachwirkungen sind ganz normale Reaktionen.

Erkenne: Körperliche Verletzungen heilen bei verschiedenen Leuten verschieden schnell, das gleiche ist bei emotionalen Verletzungen der Fall. Jeder hat andere Bedürfnisse und ein anderes Tempo.

SURVIVAL-STRATEGIE:

Setz dich nicht noch zusätzlich unter Druck, schnellstens zur Normalität zurückzukehren. Normal gibt es nicht. Wichtig ist, daß du **deine Verletzungen richtig pflegst,** damit sie heilen können, und nicht in Ungeduld an ihnen herumzerrst und damit die Wunden wieder aufreißt.

Tip 4

Fühlen heißt Bewältigen heißt Heilen.

Während meiner schlimmen Zeit, nach der sexuellen Nötigung *habe ich viele der Emotionen durchlebt,* die Elisabeth Kübler-Ross in den fünf Phasen beschreibt, die bei der Trauer um einen geliebten Menschen eintreten. Ein Todesfall hat lediglich den Vorteil, daß jemand dir zum Trost einen leckeren Auflauf vorbeibringt.

Kübler-Ross hat die fünf Phasen der Trauer wie folgt beschrieben:

PHASE 1: NICHT-WAHRHABEN-WOLLEN UND ISOLATION:
»Das passiert in Wirklichkeit nicht mir.«

PHASE 2: WUT:
»Wie kann man mir das antun.«

PHASE 3: VERHANDELN:
»Gib mir X, und mir ist Y egal", oder »Wenn das nicht eintritt, verspreche ich, ..."

PHASE 4: DEPRESSION:
»Das ertrage ich einfach nicht.«

PHASE 5: AKZEPTANZ:
»Ich bin soweit, ich will nicht mehr kämpfen.«

In ihrem Memoir *Das Jahr magischen Denkens* schildert Joan Didion, wie sie nach dem unerwarteten Tod ihres Mannes beim Abendessen feststellte, daß sie ihre Gedanken nur noch darauf richtete, wen sie anrufen mußte, was sie zu tun hatte, was das Krankenhaus von ihr wollte (Kopien der Krankenakte, geduldig Schlange stehen, um Formulare auszufüllen, etc.). Doch was allen um sie herum als übernatürliche Ruhe erschien (»Sie hat echt die Ruhe weg!«, hörte Didion einen Sozialarbeiter des Krankenhauses sagen) war in Wirklichkeit ein Zustand völliger Betäubtheit.

In Wirklichkeit war Didion nicht in der Lage, sich der Tatsache zu stellen, daß ihr Mann gestorben war, und verfiel, wie sie es selbst nennt, in ein »magisches Denken«, durch das eine Welt heraufbeschworen wurde, in der ihr Ehemann wieder auftauchen konnte. Sie vermeidet es, Johns Nachruf zu lesen, da sie dies für eine Form von Verrat hält. Sie sagt sich, sie müsse Johns Schuhe behalten, denn er werde sie brauchen, wenn er »zurückkommt«. Sie fragt sich, ob vielleicht alles anders gelaufen wäre, wenn sie an jenem Abend nicht in New York, sondern in Kalifornien zu Abend gegessen hätten.

Doch schließlich erkennt Didion, was die meisten von uns irgendwann erkennen:

Du kannst vor einem emotionalen Schmerz davonlaufen … aber du kannst dich nicht vor ihm verstecken.

Wenn du eine persönliche Tragödie hinter dir hast, ist es gut möglich, daß du sie nicht akzeptieren und all die schmerzhaften Emotionen nicht zulassen willst – zumindest eine Zeitlang.

Die Psychologin Sharon Wolf glaubt, daß es einen »Kernschmerz« gibt, den man in einer wirklich schlimmen Zeit bewußt empfinden muß, damit man sich vollkommen davon erholen kann: »Wenn Sie sich von einer Krise richtig erholen möchten, so müssen Sie bereit sein, mehr Schmerz zu tolerieren, als Sie jemals dachten, empfinden zu können«, warnt Wolf.

Wenn man lernt, diesen Kernschmerz durchzustehen, ihn zu fühlen und zu tolerieren, wird er schwächer und schwächer, bis er schließlich ganz verschwindet, verspricht Wolf.

Oder wie ich bei meinen eigenen Reisen durch diese Phasen gelernt habe: »Fühlen heißt Bewältigen heißt Heilen.« Nachdem ich mich gegen den Schmerz betäubt und Nicht-wahrhaben-Wollen und Isolation durchlebt hatte, kam mein Kernschmerz schließlich hervor, und zwar als voll ausgebildete Phase-4-Depression – in Form des heulenden Elends, das ganze zwei Wochen anhielt.

Vorher war ich herumspaziert und hatte mich eigentlich ganz gut gefühlt, danke der Nachfrage, la-di-da di-da. Dann auf einmal öffneten sich wie bei einer Springflut – fawumm-wusch!! – die Schleusentore. Die unerträgliche Traurigkeit, die ich zu umgehen versuchte, hatte mich schließlich eingeholt und überschwemmte mich dermaßen, daß mir die Luft wegblieb.

Und obwohl ich zunächst totale Panik wegen dieser Tränen und dem völligen Verlust der Kontrolle hatte, fand ich später heraus, daß das in Wirklichkeit etwas Gutes und Notwendiges war.

Wenn du durch eine schwere Zeit gehst, ist es wichtig, zu erkennen, daß du die Wahl hast:

1. Den Schmerz jetzt durchzustehen **oder**
2. den Schmerz jetzt zu umgehen und später noch viel stärkeren Schmerz zu empfinden und so die Heilung hinauszuzögern.

In ihrem wunderbaren Buch *The Buddha and the Terrorist,* schreibt Satish Kumar: »Schwester, Schmerz gehört zum Leben. Wenn man ihn akzeptiert, verliert er an Kraft. Leiste ihm keinen Widerstand. Widerstand gegen Schmerz führt zu Anspannung und Sorge, Sorge führt zu Angst. Die Angst vor dem Schmerz ist schlimmer als der Schmerz selbst. Der Schmerz geht vorüber.«

SURVIVAL-STRATEGIE:

1. **Die Angst vor dem Schmerz ist oft schlimmer als der Schmerz selbst.** Wenn der Schmerz dein Bewußtsein zu fluten beginnt, dann laß ihn kommen. Kämpfe nicht gegen die Tränen an. Gestehe dir wenn möglich eine bestimmte Zeitspanne zum Trauern zu. (Übrigens, ein unerwarteter Bonus: Weinen ist für einen reinen strahlenden Teint besser als jedes Peeling.)

2. **Da das Spüren des Kernschmerzes Angst auslöst, kannst du versucht sein, Linderung in einer Betäubung zu suchen** – mit Alkohol, Schlaftabletten oder anderen süchtig machenden Substanzen. Sei stark. Laß es zu, daß dein wahrer Schmerz an die Oberfläche dringt.

3. **Dein Selbst ist noch unvollendet und in der Entwicklung begriffen.** Wie so viele Probleme im Leben kann das Empfinden und Bewältigen von Schmerz emotionale Tiefen und Perspektiven hervorbringen, von denen du überhaupt nicht wußtest, daß du sie besitzt.

4. **Führe ein Tagebuch.** Halte den Heilungsverlauf durch die fünf Phasen fest (du kannst Phasen überspringen, noch einmal zu ihnen zurückkehren oder wieder ganz von vorne anfangen). An dem Tagebuch kannst du aber sehen, daß **du Fortschritte machst.** Und vergiß nicht: Wenn du Phase 4 hinter dir hast, wartet die letzte Phase, die Akzeptanz, gleich an der nächsten Ecke! Dann hast du es geschafft!

Tip 5

Ändere deine Überzeugung.

»Erfahrung ist nicht das, was einem zustößt. Es ist das, was du aus dem machst, was dir zustößt.«

ALDOUS HUXLEY

»Wir sind, was wir denken. Alles, was wir sind, entsteht aus unseren Gedanken. Mit unseren Gedanken formen wir die Welt.« BUDDHA

»Medikamente sind nicht in jedem Fall notwendig, [aber] der Glaube an eine Heilung ist immer notwendig.« NORMAN COUSINS

»Nicht die Dinge ändern sich, wir ändern uns.«

HENRY DAVID THOREAU

»Der menschliche Geist kehrt, wenn er von einer neuen Idee gefordert wurde, nie zu seiner Ausgangsposition zurück.«

OLIVER WENDELL HOLMES JR.

»Das Beste kommt noch.«

FRANK SINATRA

SURVIVAL-STRATEGIE:
Laß in dir bessere Überzeugungen stark werden!

Tip 6

Ein Teil ist nicht größer als das Ganze.

SURVIVAL-STRATEGIE:

Hey! Vergiß nicht: Diese schlimme Zeit, die du gerade durchmachst, ist nur **EIN TEIL** deines Lebens, sie ist nicht dein **GANZES** Leben. Also achte darauf, daß du diesen Abschnitt deines Lebens im richtigen Verhältnis zum Ganzen siehst – und ihn nicht die Oberhand gewinnen läßt.

Tip 7

Denk wie ein Löwe.

Löwenbändiger Graham Thomas Chipperfield, der Dompteur-Star des Zirkus Barnum & Bailey, wurde eines Tages von Sheba, einer seiner 500 Pfund schweren Löwinnen, gebissen.

Bevor der übel zugerichtete Löwenbändiger den Käfig wieder betrat, analysierte er erst, was eigentlich aus Shebas Sicht passiert war. Ihm wurde klar, daß Löwen ihren Trainer gerne als einen anderen Löwen sehen. Und als er in den Käfig hechtete, um einen Kampf zwischen Sheba und einem anderen Löwen zu beenden, dachte erstere lediglich, Chipperfield wolle ebenfalls mitmachen.

Saß Chipperfield nun herum und schob Sheba wegen ihrer falschen Überlegung die Schuld zu? Nein. Stattdessen nahm er sich die Zeit, das Zubeißen von Sheba aus deren Blickwinkel zu betrachten, damit so etwas nie wieder passierte.

Robert Staub, ein Psychologe, der Leute berät, die gescheitert sind, würde Chipperfields Philosophie beipflichten. Er sagt, *der Hauptgrund für ein Scheitern in Beruf oder Beziehung ist der, daß jemand »nicht imstande ist, die Sache aus der Sicht des anderen zu sehen«.*

Deshalb lassen viele Therapeuten, angefangen bei Freud, ihre Patienten in einem Rollenspiel die Situation aus der Perspektive der verletzenden Partei durchleben. Dem liegt die Hoffnung zugrunde, daß wenn der Patient einmal begreift, warum jemand ihm einen »emotionalen Biß« versetzt hat, er auch verhindern kann, nochmals gebissen zu werden!

SURVIVAL-STRATEGIE:

Überlege, inwiefern du selbst zu dem schlimmen Ereignis beigetragen hast. Kehre keinesfalls in das betreffende Umfeld **– eine Ehe, einen Job, eine Freundschaft –** zurück, bevor du die Dinge nicht aus »der Sicht des Löwen« gesehen hast.

Tip 8

Wer die Rolling Stones mag, ist besser dran.

SURVIVAL-STRATEGIE:

Wenn du down und schlecht drauf bist, leg die Rolling Stones auf und tanz die miese Stimmung weg. Denk beim Herumwirbeln über folgendes nach: Auch wenn du vielleicht im Leben nicht alles bekommst, was du willst, so bekommst du aber doch vielleicht das, was du brauchst.

Tip 9

Nicht nur das Ereignis selbst, auch die Art, wie wir es uns erklären, führt zur Depression.

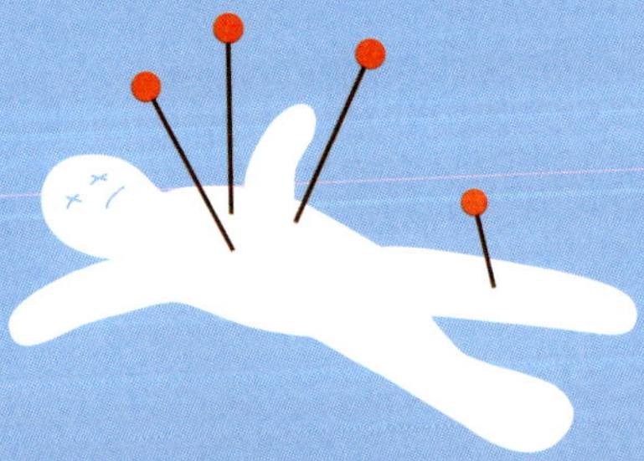

Dr. Martin Seligman, Direktor des Positive Psychology Center an der University of Pennsylvania, sagt, wie man schlimme Zeiten übersteht, hängt von »den Geschichten« ab, die man sich selbst darüber erzählt.

Diese Geschichten oder »Selbstgespräche« können dich – je nach Beschaffenheit – entweder in die Lage versetzen, auch angesichts eines Scheiterns obenauf zu bleiben, oder sie machen dich völlig hilflos und unglücklich. »Pessimisten, die schwierige Zeiten generell nicht gut durchstehen, nehmen Rückschläge als permanent, allumfassend und auf die ganze Person bezogen hin«, sagt Seligman.

Optimistische Menschen hingegen sagen sich, daß Rückschläge temporär und auf die jeweilige Situation beschränkt sind und das Ganze zumeist an der anderen Person liegt, nicht aber an einem Charakterfehler bei ihnen selbst. Sie neigen zu der Annahme, daß schlimme Geschehnisse die Ausnahme sind und auch weiterhin Gutes passieren wird.

Doch selbst der trübseligste Pessimist kann lernen, optimistischer zu werden, behauptet Seligman in seinem Buch *Pessimisten küßt man nicht*. Wir sind alle in der Lage, die Art, wie wir über ein Ereignis denken, zu ändern, wodurch sich auch unsere Gefühle und die Konsequenzen, die das für unser Leben hat, ändern werden.

Du kannst Vergangenes nicht ändern, aber du *kannst* dessen Auswirkungen auf deine Zukunft kontrollieren.

Dr. Seligman und seine Kollegin Dr. Karen Reivich haben einen spezifischen *Erholungsprozeß* entwickelt, der buchstäblich so einfach ist wie **A B C D E:**

Und so funktioniert er: Auf einen Zustand der **A**usgesetztheit reagieren wir mit Nachdenken und diese Gedanken gerinnen zu Befunden. Diese **B**efunde oder Überzeugungen haben einen **C**lou bzw. Konsequenzen: Sie bestimmen, wie wir uns fühlen und wie wir agieren, und sie können den Unterschied zwischen Niedergeschlagenheit und konstruktivem Handeln bedeuten. Der erste Schritt besteht darin, die Verbindung zwischen **A, B** und **C** zu erkennen und wie diese auf das eigene Leben Einfluß hat ... und dann etwas dagegen zu unternehmen. Durch **D**isputation der negativen Befunde wird sich ein **E**nergiegewinn einstellen. Das geht so:

Schreibe diese fünf Buchstaben und deine Antworten auf die folgenden Fragen in ein Tagebuch:

1. Lege zunächst fest, welcher Natur deine **AUSGESETZTHEIT** ist. Beschreibe das Wer, Was, Wann und Wo so objektiv wie möglich.

2. Welche **BEFUNDE** hat deine Ausgesetztheit ausgelöst? Für was für eine Art von Mensch hältst du dich demzufolge? Wie ist die Welt, in der du lebst, deiner Meinung nach? Um deine **BEFUNDE** herauszufinden, mußt du dir Zeit nehmen. Hör genau auf das, was du dir selbst erzählst, vor allem, wenn deine Selbstgespräche Kommentare enthalten, die sich »permanent, allumfassend und auf die ganze Person bezogen« anhören, zum Beispiel: »Ich kriege nie einen Job« (permanent). »Das passiert immer« (allumfassend). »Ich bin ein Idiot« (auf die ganze Person bezogen). Lerne unsinnige Befunde zu erkennen.

3. Beschreibe den **CLOU** deiner Befunde. Wie fühlst du dich? Wie verhältst du dich? Erkenne, wie deine fälschlicherweise beibehaltenen Befunde negative Verhaltensweisen nach sich ziehen können und dich verändern. Gibt es Dinge, die du aufgehört hast? Irgendwelche neuen Angewohnheiten, die du angenommen hast? Zum Beispiel: Sich vollstopfen. Trinken. Seine Lieben anschreien. Neue Gelegenheiten nicht ausprobieren.

4. DISPUTIERE deine Befunde mit spezifischen Beweisen, die deren Mängel aufzeigen. Stelle die Realität deiner Interpretation infrage. Zum Beispiel: *Ich kriege nie einen Job* (Stimmt das? Wer sagt das? Hat es Zeiten gegeben, als du doch eine Stelle fandest?) *Das passiert immer.* (Fällt dir eine Ausnahme ein?) *Ich bin ein Idiot.* (Im Vergleich zu wem? Was bedeutet für dich »Idiot« überhaupt? Gab es Zeiten, da du dich als praktisches oder theoretisches Genie erwiesen hast?) Entwickle eine alternative (und zutreffendere) Betrachtungsweise zu dem Geschehen. Etwa: »Vielleicht hat dieser Mann sich gar nicht von mir getrennt, weil ich zu dick bin, sondern weil er Bindungsangst hat. Immerhin ist er fünfzig und war noch nie verheiratet!«

5. ENERGIEGEWINN. Nachdem du falsche Befunde erfolgreich disputiert hast, spürst du oft einen Energieschub, das Gefühl neuerwachter Hoffnung.

SURVIVAL-STRATEGIE:

Beende die »negative Endlosschleife« sinnloser Geschichten, die du dir selbst erzählst. Mach aus dem **»SCHLAG MICH«**, von dem du meinst, daß es dir auf der Stirn geschrieben steht, ein **»UNSCHLAGBAR«**!

Tip 10

Glück ist eine Entscheidung, nicht nur eine Frage der Gene oder des Zufalls.

Forschern zufolge, die am »Happiness Project« in Großbritannien arbeiten, beträgt unser genetisches Erbe für Optimismus (Glück) oder Pessimismus lediglich rund 50 Prozent. Was die restlichen 50 Prozent angeht, hast du die Wahl.

In anderen Worten: Das sind gute Nachrichten! Es bedeutet nämlich, daß die restlichen 50 Prozent in deiner Hand liegen. Du selbst bestimmst deine Reaktion auf Probleme, und du kannst etwas tun, um dein Glückslevel zu ändern.

Leichter gesagt als getan, richtig? Nun, Dr. Jonathan Haidt, ein Vertreter der Positiven Psychologie, hat eine sehr hilfreiche Formel für ein höheres Glückslevel entwickelt:

$$G = S + L + A$$

G = *Glücklichsein*

S = *Sollwert (vererbt)*

L = *Lebensbedingungen*

A = *freiwillige Aktivitäten*

Mit anderen Worten, dein Glückslevel ist ein potenter Mix dessen, wie glücklich du von Natur aus bist (diese 50-Prozent-Zahl eben), kombiniert mit dem, was gerade in deinem Leben passiert, das Einfluß auf dein Glücksgefühl hat, plus die freiwilligen Aktivitäten, für die du dich zur Bereicherung deines Lebens *entscheidest*.

* * * * * * * * * * * * * * * *

SURVIVAL-STRATEGIE:

Wenn dein Glückslevel nicht hoch genug ist, weil deine augenblicklichen Lebensumstände dich runterziehen, so vergiß alles, was du nicht kontrollieren kannst, und konzentriere dich auf die **A**s. Die freiwilligen **A**ktivitäten. Entscheide dich, dein Leben mit mehr **»EN«** zu füllen. Damit meine ich lauf-**en**, spazierengeh-**en**, koch-**en**, Salsa tanz-**en**, Rad fahr-**en**, mal-**en** – Dinge mach-**en**, die dich glücklich machen.

Tip 11

Wer deprimierende **Fragen** stellt, bekommt hundertprozentig auch deprimierende **Antworten.**

Stellst du dir Fragen, die dich noch weiter runterziehen?

Warum hab ich nicht ...? Was wäre, wenn ...? Warum ich?

Würdest du diese kleinen und gemeinen Fragen auch akzeptieren, wenn sie von jemand anderem kämen?

Falls nicht, dann hör sofort damit auf und tausche sie gegen folgende Fragen aus, die dir Auftrieb geben:

WAS KANN ICH TUN, *um vorwärts zu kommen?*

WIE KANN ICH WACHSEN *an dieser Herausforderung?*

WO HABE ICH DIE KONTROLLE, *um etwas zu ändern?*

* * * * * * * * * * * * * * * *

SURVIVAL-STRATEGIE:

Wenn dir das nächste Mal eine Frage durch den Kopf schießt, frage dich: **»Ist das eine No-Survival-Frage?«** Ist sie das, dann laß sie fallen. Und paß auf deine Zehen auf!

Tip 12

Begib dich nicht auf die Achterbahn der Gefühle.

Du hast vermutlich augenblicklich mit sehr heftigen Emotionen **zu kämpfen,** *aber wie fühlst du dich?*

Aha! Es gibt nämlich einen Unterschied zwischen Emotionen und Gefühlen.

Gefühle sind deine erlernten Verhaltensreaktionen, die sich nach einem prägenden persönlichen Erlebnis in deinem Kopf festsetzten. Du kannst zum Beispiel Angst vorm Fahrradfahren haben, weil du mit drei Jahren vom Rad gefallen bist.

Emotionen hingegen sind Urtriebe des Menschen. Trauer beispielsweise ist eine universelle emotionale Reaktion auf den Tod.

Doch wie du dich fühlst, wenn du trauerst, ist abhängig von deiner Kultur und deiner persönlichen Geschichte – anders ausgedrückt, von deinen erlernten Verhaltensreaktionen.

Du kannst womöglich nicht viel gegen deine persönliche Geschichte oder deine Kultur machen, doch es hilft, wenn du dir darüber im klaren bist, daß in einer schwierigen Zeit deine Vergangenheit möglicherweise einen Einfluss auf deine gegenwärtigen *Gefühle* hat und eine Achterbahnfahrt von Gefühlen in Gang setzt, die du deiner Ansicht nach schon lange hinter dir gelassen hast.

Ein Beispiel: Der Tod einer Person in deiner Gegenwart kann häufig den Schmerz wieder wachrufen, den du bei einem Todesfall in deiner Vergangenheit empfunden hast – oder bei der Scheidung deiner Eltern, die sich ganz ähnlich wie ein Todesfall *anfühlen* kann.

Mit anderen Worten, einige »Gefühle«, mit denen du augenblicklich zu tun hast, entstammen in Wirklichkeit deiner Vergangenheit und nicht der gegenwärtigen Situation.

In Zeiten eines Traumas ist es wichtig, den dornigen Haufen an Gefühlen und Emotionen durchsortieren und die unmittelbare emotionale Reaktion auf die gegenwärtige Situation von den schlechten »Gefühlsgewohnheiten« trennen zu können.

Natürlich ist es bei einer Krise normal, daß einige negative Gedanken, Albträume und angsteinflößenden Rückblenden wiederkehren. ABER ... wenn du wie auf einer Achterbahn unvermittelt in tiefste Tiefen stürzt, dann nimm dir die Zeit, zu analysieren, woher deine negativen Gefühle rühren.

WARNUNG: Falls du merkst, daß die Achterbahnfahrt länger anhält und viel holpriger ausfällt, als dir lieb ist, dann zieh bitte in Betracht, professionelle Hilfe in Anspruch zu nehmen. Manche Gewohnheiten sind schrecklich schwer zu durchbrechen, und manchmal brauchen wir eine helfende Hand, um zum Kern des Problems vorzudringen, da uns die nötige Distanz fehlt.

SURVIVAL-STRATEGIE:

FRAGE DICH:

- Welche gegenwärtigen Gefühle sind mir **vertraut**?
- Kann ich mich an irgendwelche Gefühle in der **Vergangenheit** erinnern, die durch die augenblickliche Krise vielleicht wieder wachgerufen werden?
- Kann ich mich **erinnern**, wie ich mich damals durchgeschaufelt habe?

Schon den Ursprung der Gefühle zu verstehen ist eine Möglichkeit, deren Einfluß zu verringern. Sortiere aus, welche Gefühle schlechte »Gefühlsgewohnheiten« sind, und verhindere, daß sie dir bei der Bewältigung deines augenblicklichen Problems in die Quere kommen.

FRAGE DICH:

- Was löst bei mir **Freude** aus?
  Umgib dich damit!

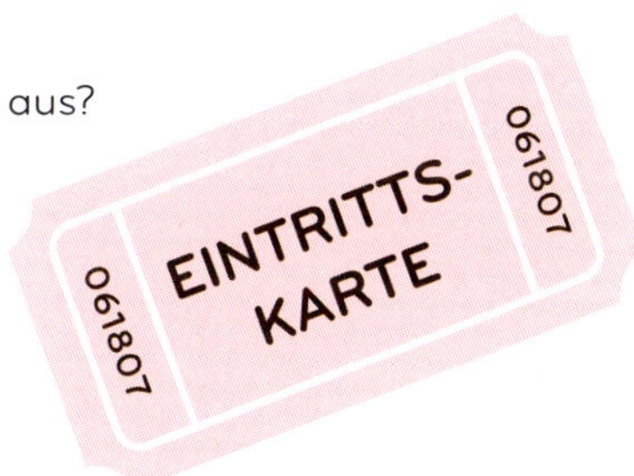

Tip 13

Wolken

beobachten

SURVIVAL-STRATEGIE:

Stell dir vor, deine Probleme ziehen mit den Wolken davon.

Tip 14

Gib deinem Leben einen neuen Rahmen

Sei ein Lernender, kein Opfer. Suche den Sinn im Schlechten und lerne etwas vom Leben. Viktor E. Frankl, ein Psychologe, der drei Jahre im Konzentrationslager überlebte, schrieb mit *Der Mensch auf der Suche nach Sinn* ein inspirierendes Buch über die Vorzüge der Lernen-statt-Leiden-Haltung. Frankl behauptet, jene, die die Konzentrationslager überlebten, seien nicht unbedingt körperlich widerstandsfähiger gewesen. Die Überlebenden versuchten, in ihrem leidvollen Leben einen Sinn zu finden, und das erhielt sie am Leben.

Mit anderen Worten, sie hatten die Einstellung eines Lernenden, nicht die eines Opfers. Frankl praktizierte, was er predigte. Er glaubte daran, daß er dazu bestimmt wäre, den Holocaust zu überleben, um über die Suche nach Sinn schreiben und anderen helfen zu können, schreckliche Zeiten durchzustehen.

SURVIVAL-STRATEGIE:

Wenn du dich ganz schlecht fühlst, lies dieses Frankl-Zitat:

»Es ist nicht die Vergangenheit, die uns zurückhält, es ist die Zukunft und die Art, wie wir sie heute schon untergraben.«

Tip 15

Finde die Leute, die dich aufbauen.

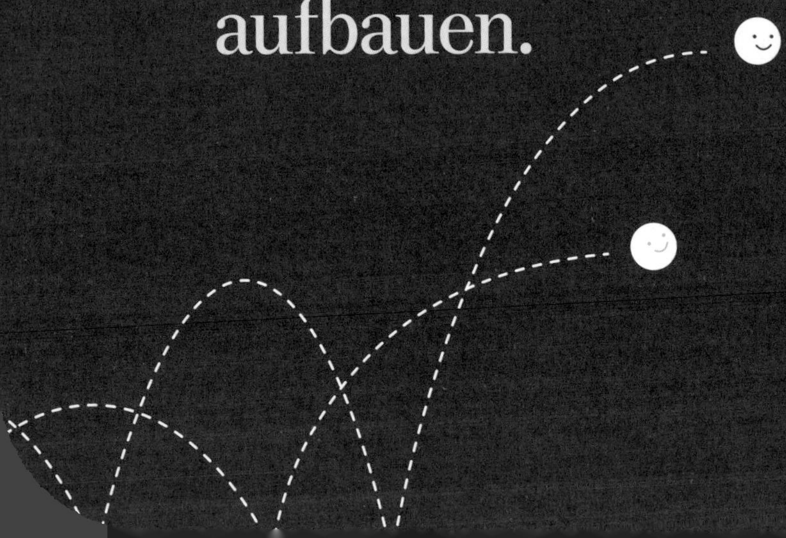

Nach Aristoteles sind wir Menschen biologisch gesehen gesellige Tiere und ist es unsere »erste Natur«, mit Menschen zusammen zu sein. Ich persönlich allerdings fühlte mich nach meinem Trauma unter Leuten, als sei dies meine zweitausendste Natur. Daß man sich verstecken will, ist keineswegs selten. Doch Studien zeigen, daß es wesentlich vernünftiger ist, Hilfe zu suchen.

Dr. Dina Carbonell vom Simmons College untersuchte das »Geheimnis« von Menschen, die harte Zeiten erfolgreich durchgestanden haben. Sie beobachtete 25 Jahre lang 400 Personen zwischen 5 und 30 Jahren und analysierte die Hauptcharakteristika jener, die mit schwierigen Umständen am besten fertigwurden, und kam zu folgendem Schluß: *»So genannte »Steh-auf-Männchen« finden Menschen, die verfügbar, vertrauenswürdig und hilfreich sind. Und auf dieses Licht gehen sie zu.«*

Doch wie weiß man im Krisen-Modus, welche Menschen gut für einen sind? Manchmal sind die Freunde, auf die wir zählen zu können glaubten, gerade dann nicht für uns da. Erstelle eine Liste von zehn Personen, die du als Freunde betrachtest. Dann frage dich: Wer unterstützt dich hundertprozentig dabei, so glücklich wie möglich zu leben und sieht sich nicht als Konkurrent oder ist neidisch? Bei wem fühlst du dich nach einem Besuch immer glücklicher, und nicht noch deprimierter? Das sind deine aufbauenden Leute: dein Auffangnetz.

* * * * * * * * * * * * * * * *

SURVIVAL-STRATEGIE:

Stelle sicher, daß du dein **Verstecken vor der Welt** nicht zu weit treibst. Verbringe ein paar Stunden pro Woche mit deinen aufbauenden Leuten per E-Mail oder am Telefon. Besser noch, trefft euch persönlich.

DENK DRAN: Eines der indirekt guten Dinge an schlechten Zeiten ist, daß du anderen näherkommst, denn in deiner Offenheit und Verletzlichkeit bindest du dich häufig enger und emotional sinnvoller an andere.

Tip 16

Schreib einen Beschwerdebrief. Dann beantworte ihn.

* * * * * * * * * * * * *

SURVIVAL-STRATEGIE:

Notiere jeden noch so flüchtigen Gedanken der Sorge, Wut, Angst, Scham oder des Selbstmitleids. Bitte um Trost, Einsicht, Stärke und Mut. Wenn du mit dem Schreiben fertig bist, liest du den Brief noch einmal durch und dann beantwortest du ihn. Tu so, als wärest du die verletzende Person oder eine höhere Macht, bei der du Erleichterung und Linderung suchst.

Was könnten sie zu dir sagen, damit du dich besser fühlst? Schreib oder sag es JETZT.

Tip 17

Der einzig geeignete Betrachter deiner Welt und deiner Probleme bist du.

In schwierigen Zeiten ist es dir vielleicht peinlich, was andere über dich denken – zerbrich dir darüber nicht den Kopf. Die meisten Leute denken nicht darüber nach, was in deiner Welt im Argen ist. *Sie sind viel zu sehr mit dem beschäftigt, was in ihrer eigenen Welt schiefläuft.*

SURVIVAL-STRATEGIE:

Fokussiere dich nicht auf das, was die anderen denken. Vertrau deinen Instinkten. Tu nur, was nach deinem Bauchgefühl gut für dich ist.

Tip 18

F: Worüber würden wir reden, wenn wir nicht klagen und jammern könnten?

A: Über viele andere Dinge.

SURVIVAL-STRATEGIE:

Du hattest harte Zeiten und möchtest deinem Herzen Luft machen. Hier der Deal fürs Jammern:

1. Du darfst alle Klagen dreimal äußern, um sie aus deinem Kopf zu kriegen. Doch dann mußt du sie **in Schall und Rauch aufgehen lassen.**

2. Wenn du dieselbe Klage wirklich ein viertes Mal aufs Tapet bringen mußt, dann sollte es sein:
   a) in dem Bemühen, eine neue Einsicht zu gewinnen;
   b) in der Hoffnung, ein Problem zu lösen;
   c) mit dem Ziel, deinen Lebensplan zu verbessern.

3. Oh – und du darfst auch ein viertes Mal jammern, wenn es denn auf wirklich witzige Weise geschieht. Tatsächlich kann es wie eine Seelenreinigung sein, wenn du dich über deine schwere Prüfung lustig machst – und es ist viel unterhaltsamer für deine Zuhörer.

Tip **19**

Lauf deiner miesen Stimmung davon.

Nach einer berühmten Forschungsstudie der Duke University ist ein strammer dreißigminütiger Spaziergang dreimal in der Woche für die Stimmung genauso gut wie die Einnahme von Antidepressiva.

Warum? Durch sportliche Betätigung erhöht sich die Ausschüttung der Endorphine und des stimmungsaufhellenden Neurotransmitters Seratonin im Gehirn, derselben chemischen Stoffe also, die durch Antidepressiva so manipuliert werden, daß man sich besser fühlt.

Forscher haben ferner festgestellt, daß beim Sport im Gehirn auch vermehrt Alphawellen entstehen, die mit einem entspannten meditationsähnlichen Zustand verbunden sind. Dieses Gefühl tritt nach 20 bis 30 Minuten sportlicher Aktivität ein.

SURVIVAL-STRATEGIE:

Unternimm noch heute Schritte zur Besserung deiner Stimmung. Geh zu einem Spaziergang oder zum Joggen raus.

Tip 20

Wenn du dich
verrückt machen
kannst …
kannst du dich auch
glücklich machen.

SURVIVAL-STRATEGIE:

Nutze dieselben Techniken, durch die du dich im Augenblick schlecht fühlst, um dich besser zu fühlen.

1. Sei nicht paranoid, sei **»pro-noid«.** Fang an zu glauben, die Leute konspirierten zu deinen Gunsten.

2. Umgib dich nicht mit verrückten Leuten, umgib dich mit **positiven Menschen.**

Tip **21**

Wenn dir das Leben eine Zitrone gibt, mach Limonade draus.

Wenn du gefeuert wurdest … dann überlege, eine eigene Firma aufzumachen.

Wenn du eine Trennung hinter dir hast … dann überlege, in eine andere Stadt oder ein anderes Land zu ziehen.

Wenn du mit einer Krankheit konfrontiert worden bist … dann überlege, für den Marathon zu trainieren und *so gesund wie noch nie zuvor zu werden.*

SURVIVAL-STRATEGIE:

Eine Veränderung ist gut, wenn du sie zu einer guten Veränderung **MACHST.** Kämpfe nicht gegen die Veränderung. Laß dich von der Welle tragen und erwäge, in eine völlig neue Richtung zu schwimmen. Denk dir neue verrückte Ideen aus, die jetzt auf einmal möglich sind! Denk an die Worte von Joseph Campbell: **»Wenn du fällst, tauche!«**

Tip 22

Gestehe dir eine 120-Sekunden-Schnellaufladung zu.

Manchmal können wir nicht einmal eine Stunde erübrigen, um uns zur Belohnung mal richtig zu verwöhnen und uns wieder aufzumuntern. Doch ein paar Minuten lassen sich immer abzweigen.

* * * * * * * * * * * * * *

SURVIVAL-STRATEGIE:

Mach ein paar Yoga-Übungen. Ruf eine Freundin an. Sing deinen Lieblingssong. Lies etwas Komisches. Denk an so viele Leute wie möglich, die du geküßt hast – und überlege, wann und wo. Schau mal auf deiner Lieblings-Website vorbei. Schreib in dein Blog.

Oftmals reichen schon 120 Sekunden aus, um die Stimmung zu heben.

Tip 23

Go with the flow.

Weißt du noch, wie du als Kind vom ersten Augenblick am Strand bis zum Nachhausegehen an einer Sandburg bauen konntest? Das war mehr als nur »spielen«. Deine Vorstellungskraft war stimuliert, dein Fokus total. Nur die vor dir liegende Aufgabe zählte. Das nennt man »Flow«.

»Die Menschen sind nur selten so glücklich wie im ›Flow‹«, sagt der Psychologe Mihaly Csikszentmihalyi, der dieses Phänomen mehr als fünfundzwanzig Jahre lang erforscht hat. Er beschrieb den Flow einmal als »vollkommen in einer Aktivität um ihrer selbst willen aufgehen. Die Selbstwahrnehmung schwindet. Die Zeit ist außer Kraft gesetzt. Jede Handlung, Bewegung und jeder Gedanke ergeben sich, wie beim Jazz, unausweichlich aus den vorherigen. Das ganze Wesen ist involviert, und man nutzt seine Fertigkeiten bis zum Äußersten.«

Viele Menschen erleben den Flow beim Sport. Bei mir ist das zum Beispiel so. Als Joggerin möchte ich oft mitten in meinem Lauf aufgeben. Doch konzentriere ich mich nur auf den nächsten Schritt, dann auf den nächsten und wieder auf den nächsten. Bevor ich es noch merke, habe ich den Lauf bewältigt. Athleten nennen das »in der Zone sein«.

Damit das klar ist: Der Flow hat nichts mit »zoning out« oder »abschalten« zu tun. Jeder Vollidiot kann vor dem Fernseher hocken und seine Probleme eine Stunde (oder sechs Stunden) lang vergessen. Laut Csikszentmihalyi bringt Fernsehen allerdings die geringste Zufriedenheit, da es die Leute nicht fordert.

SURVIVAL-STRATEGIE:

Finde deinen Flow. Such dir etwas, das deine Aufmerksamkeit ganz gefangennimmt, auf das du dich freust, das deinen Kopf, und sei es auch nur ein bißchen, von deinen Kämpfen ablenkt. Und wenn du deinen Flow findest, dann mach es dir zur obersten Priorität, ihn in deinen Alltag einzubauen.

Tip 24

Schlaf schön.

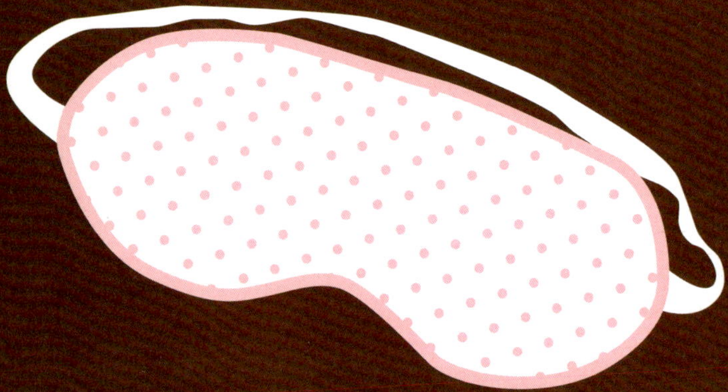

SURVIVAL-STRATEGIE:

Probiere diese Schlaflosigkeits-Killer.

Meditiere

Stell keine Wecker mit Leuchtzahlen auf deinen Nachttisch

Trink Kräutertee oder heiße Milch

Schau kein Fernsehen im Bett und lies auch nicht

Verzichte tagsüber auf das Nickerchen

Visualisiere langweilige Dinge

Visualisiere friedliche Dinge

Steh früher auf

Meide Koffein, Alkohol und Tabak

Betätige dich tagsüber sportlich

Schlaf mit dem Blick in Richtung Norden

Tip **25**

Sorge für ein rund laufendes Glücksrad.

Wenn du dich von einem einzigen Schlag völlig aus der Bahn geworfen fühlst, dann schau dir dein ganzes Glücksrad mal genauer an. Gründe dein Glücklichsein niemals nur einzig und allein auf eine Sache. Auf einen prestigeträchtigen Job. Einen tollen Kerl. Eine heißblütige Geliebte. *Das Leben steckt voller Überraschungen.* Wenn dir nur eine Sache Glücksgefühle beschert und diese plötzlich wegbricht, dann fühlst du dich, als wäre dein ganzes Leben zu Ende.

* * * * * * * * * * * * * *

SURVIVAL-STRATEGIE:

Wenn dein **Glücksrad** ein echtes Rad wäre, würde es dann gleichmäßig rollen ... oder hättest du eine holprige Fahrt? Überlege, welche Bereiche deines Lebens du aufpolstern mußt, um in einen runderen, harmonischeren und ausgewogeneren Zustand zu gelangen.

Tip 26

Achte auf verborgene Eisberge!

Okay. Zugegeben, du hast eine sehr schwere Zeit hinter dir. Aber ...

Siehst du deine schwierigen Umstände durch die richtige Linse, oder »katastrophierst« du die Situation und hast jedes Maß verloren? Wenn man emotional ist, geschieht es leicht, daß man die Perspektive verliert. Doch warum werden wir überhaupt so emotional?

»Wenn du feststellst, daß du ein unglückliches Ereignis in Bezug auf die Konsequenzen, die es haben könnte, in dramatischer Weise aufbauscht, könnte das daran liegen, daß du unterschwellig eine ›Eisberg-Überzeugung‹ hast«, erklärt Dr. Karen Reivich, Professorin an der University of Pennsylvania und Co-Autorin von *The Resilience Factor.*

Eisberg-Überzeugungen sind Gedanken, die unter der Oberfläche deines Bewußtseins schwimmen: starke Kräfte, die das eigene Glück signifikant unterminieren und einen dazu bringen können, in einer bestimmten Situation überzogen zu reagieren.

(Erinnerst du dich an die *Titanic*?)

Eisberg-Überzeugungen beginnen sich in der Kindheit herauszubilden und werden häufig wie eine defekte Lampe von einer Generation an die nächste weitergegeben.

Hier ein paar typische Beispiele:

1. »Es sollte stets gerecht zugehen.«
2. »Frauen dürfen ihre Wut nie zeigen.«
3. »Jungs weinen nicht.«
4. »Laß sie nie merken, daß du leidest.«
5. »Was du nicht richtig machst, ist es nicht wert, getan zu werden.«
6. »Man muß die Menschen für das schätzen, was sie leisten.«

Hört sich da irgendwas für dich bekannt an? Die Eisberg-Überzeugungen der Menschen fallen zumeist in die Kategorien Kontrolle, Akzeptanz und Erreichtes, und in einer Krise können sie tatsächlich verheerenden Schaden anrichten, da man sich unerträglich außer Kontrolle, zurückgewiesen oder als kompletter Versager fühlt.

Deine Eisberg-Überzeugungen bringst du zum Schmelzen, wenn du sie mit deinem Erwachsenenhirn neu bewertest – so wie du es mit vielen anderen Kindheitsvorstellungen getan hast.

»Deine Gefühle sind das Resultat deiner Denkweise«, erklärt Dr. Reivich. »Wenn man die Art zu denken ändert, kann man die emotionalen Reaktionen auf stressige Situationen kontrollieren.«

Es steht außer Frage, daß es keine leichte Aufgabe ist, so starke und festsitzende Eisberge zu zertrümmern.

Aber denk doch mal an die anderen Dinge, an die du einst geglaubt hast:

1. »Unter meinem Bett sitzt ein gräßliches Monster, das mich fressen will.«
2. »Es gibt nichts Besseres als Kuchen. Nichts.«
3. »Meine Eltern wissen alles.«
4. »Mein jüngeres Geschwister ist das Schlimmste, was mir je passiert ist.«
5. »Küssen ist E-K-L-I-G.«

Wenn wir erwachsen werden, ändern wir über viele Dinge unsere Meinung. Warum nicht auch unsere Eisberg-Überzeugungen?

* * * * * * * * * * * * * * * *

SURVIVAL-STRATEGIE:

Denk darüber nach, was deine Eisberg-Überzeugungen sind. Schreib sie auf. Dann schreib neben eine jede einen **BEWEIS FÜR IHRE UNRICHTIGKEIT.**

VERGISS NICHT: Wenn du deine Gedanken umprogrammieren kannst, kannst du auch deine Emotionen umprogrammieren. Das ist keine Gehirnwäsche, das ist noch nicht mal positives Denken, das ist richtiges Denken.

Tip 27

Wirf die alten **Kleider** und **Schuhe** weg, und trainiere dein Hirn darauf, alte Gedanken und Ideen abzulegen.

Die Psychologen sind der Ansicht, man könne das Gehirn überlisten, damit es sich mit Veränderungen wohler fühlt – zum Beispiel, indem man etwas tut, wie alte Kleider ausmisten. Auf diese Weise erzeugt man eine positive Haltung Veränderungen gegenüber und wirft alte, aus der Mode gekommene Denkweisen über Bord.

Die Verbindung: Du lernst, »Veränderung« mit »Spaß« gleichzusetzen und gibst dir die Chance, Platz für Neues in deinem Leben zu schaffen.

Wenn du wächst, passiert es, daß du aus etwas »herauswächst«. Und das, was in der Vergangenheit funktioniert hat, muß in der Gegenwart vielleicht abgeschüttelt werden.

SURVIVAL-STRATEGIE:

Nimm dir 30 Minuten und entferne alle alten Kleidungsstücke und Schuhe, die dir nicht mehr stehen. Dasselbe kannst du nun auch mit **alten Gedanken und Überzeugungen machen, die heute nicht mehr zu dir passen.**

Tip 28

Schrumpfe die Leere auf die Größe eines Staubkorns.

Wenn du deinen Job oder einen geliebten Menschen verloren hast, kommen hier einige Tips, wie du das dadurch in deinem Leben entstandene riesige Vakuum auf die Größe eines Staubkorns schrumpfen kannst.

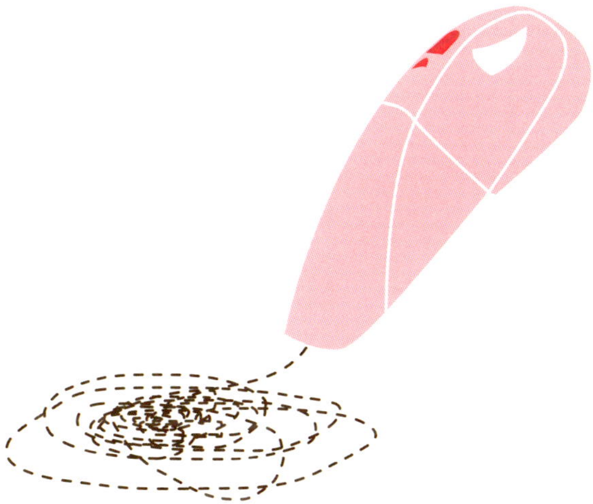

SURVIVAL-STRATEGIE:

Hol **JETZT** deinen Kalender hervor und mach dir Termine für deine **»Signatur-Stärken«** – das sind jene Dinge, für die du von Natur aus ein Talent hast. Vielleicht mußt du deine wahren Signatur-Stärken erst noch herausfinden. Falls dem so ist, worauf wartest du? Wenn du das Gefühl hast, du hättest einige unangezapfte Stärken, dann zapfe sie noch heute an. Schreib dich in Kurse für diese Bereiche ein. Mach es **sofort.** Und mit sofort meine ich **SOFORT.**

Tip **29**

Die Sonne lässt nicht nur Pflanzen wachsen, sondern auch Menschen.

Studien belegen, daß 20 Prozent der Amerikaner sagen, sie fühlten sich in den Wintermonaten depressiver.

Wissenschaftler verbinden diese Zunahme von Depressionen mit der Abnahme des Sonnenlichts. Wenn das Sonnenlicht weniger wird, produzieren wir mehr Melatonin, was dazu führt, daß wir uns schläfrig und ängstlich fühlen.

Im Gegensatz dazu zeigen Studien, daß im Frühling und Sommer die ultraviolette Strahlung der Sonne die biologischen, hormonellen und elektrischen Systeme des Menschen mit Nährstoffen versorgt.

Übersetzung: Strahlender Sonnenschein sorgt buchstäblich für strahlende Stimmung.

Ein anderer interessanter Befund war, daß Patienten, deren Betten am Fenster standen, kürzer im Krankenhaus waren als Patienten, die fernab von jedem Fenster lagen.

SURVIVAL-STRATEGIE:

Helle deinen Kopf mit Helligkeit auf. Mach einen Spaziergang. Gönn dir einen Urlaub in der Sonne. Oder bring mit Tageslicht- oder Vollspektrum-Glühbirnen Licht in dein Heim.

Tip

30

Reise durch die Zeit.

»An Schönes zu denken führt buchstäblich zu einer positiven chemischen Veränderung im Gehirn – was wiederum positive physische wie psychische Reize stimuliert«, *sagt Deepak Chopra in Gesundsein aus eigener Kraft.*

Chopra führt zahlreiche Studien an, bei denen Menschen ihr Gehirn und ihren Körper mittels Zeitreisen zu glücklicheren Zeiten oder der Rückbesinnung auf glückliche Augenblicke in der Vergangenheit wortwörtlich mit positiven Endorphinen überfluteten.

Wenn du eine Zeitreise in die Vergangenheit oder Zukunft unternimmst und bewußt nur an glückliche Erinnerungen oder optimistische Ziele denkst, kannst du sowohl glücklicher als auch gesünder werden.

WARNUNG: Eine Zeitreise in negative Zeiten hat den gegenteiligen Effekt! Traurige Gedanken beeinflussen den Körper und die gesamte Chemie des Gehirns negativ! Und unglückliche, wütende, feindselige Gedanken treiben den Blutdruck in die Höhe, verknoten den Magen, schädigen das Immunsystem und können sogar zu Herzerkrankungen führen.

SURVIVAL-STRATEGIE:

Erstelle eine Liste mit **fünf glücklichen Augenblicken** und **fünf Zielen für die Zukunft,** auf die du positiv reagierst. Wenn du meinst, alles sei verloren, gönnst du dir dann ein **»Happy Mental Rental«.** Schließ die Augen und denk an diese glückliche Zeit. Stell sie dir komplett mit allem Drum und Dran vor. Was hast du an? Wie stehst du da? Welcher Duft liegt in der Luft? Je mehr sinnliche Details, desto stärker die neurale Verbindung und desto größer die Endorphinausschüttung.

Tip **31**

Gib deinen Käse nicht verloren.

Nach einem wirklich schlimmen Ereignis ist es wichtig, nicht in dem steckenzubleiben, was man »Opfer«-Haltung nennt.

Als ich monatelang zu depressiv war, um mein Apartment zu verlassen, fühlte sich das ganz gräßlich an, denn ich bin eigentlich ein optimistischer Mensch, eine erfolgreiche Ratgeber-Autorin und nicht so ein hilfloses Blatt im Wind, das von unkontrollierbaren Schicksalstürmen durch die Luft gewirbelt wird.

Das klingt jetzt vielleicht pathetisch, doch genau so habe ich mich nach dem sexuellen Übergriff gefühlt – außer Kontrolle. Mir wurde auf erschreckende Weise klar, daß mir jederzeit alles mögliche widerfahren konnte. Und das Gefühl, nicht die Kontrolle über mein Leben zu haben, ließ in mir eine unbestimmte Angst und tiefe Verzweiflung aufkommen.

Doch dann stieß ich auf der Suche nach einem festen Halt auf einige interessante Untersuchungen über Autonomie.

Das *Journal of Personality and Social Psychology* berichtete:
Die Nummer eins, die zum Wohlbefinden eines Menschen beiträgt, ist nicht Geld, gutes Aussehen oder Beliebtheit! Nein, das größte Geschenk des Lebens ist die Autonomie, definiert als »das Gefühl, daß das eigene Leben – die Handlungen und Gewohnheiten – selbstbestimmt und selbst so gewollt sind.«

Forschungen der University of Michigan haben bestätigt, daß »das starke Empfinden, man habe die Kontrolle über das eigene Leben, ein verläßlicherer Indikator für positive Gefühle des Wohlbefindens ist als alle anderen objektiven Lebensumstände.«

In einer berühmten Studie verabreichten Forscher Mäusen wahllos entweder Käse oder Elektroschocks. Die Mäuse taten, was sie nur konnten, um die Schocks zu vermeiden und den Käse zu bekommen, doch als sie merkten, daß ihr Handeln keinerlei Auswirkung hatte, fielen sie in einen Zustand passiver Teilnahmslosigkeit.

Als sie schließlich die Wahl (Autonomie) gehabt hätten, durch bestimmte Aktionen die Elektroschocks zu vermeiden oder mehr Käse zu bekommen, waren sie bereits so frustriert, daß sie einfach nur dalagen und überhaupt nichts mehr taten!

Mit besseren Resultaten ermutigte die Psychologin Judith Rodin Pflegeheimpatienten, ihr Leben stärker selbst zu kontrollieren, indem sie sie motivierte, einige für ihre Umgebung wichtige Veränderungen vorzunehmen (zu entscheiden, ob die Klimaanlage an- oder ausgeschaltet sein sollte oder wo die Möbel stehen sollten). Rodin drängte die Patienten auch, Änderungen bei verschiedenen Pflegeheimrichtlinien zu verlangen, die dann auch durchgesetzt wurden. Danach waren 93 Prozent der Patienten wacher, aktiver und glücklicher.

Im Gegensatz zu einer Maus besitzen wir als Homo sapiens zum Glück dieses Ding namens »Bewußtsein«. Wir wissen es besser, als einfach aufzugeben – selbst wenn unsere Autonomie infrage gestellt worden ist.

Stimmt's?

SURVIVAL-STRATEGIE:

Wenn du im Moment so am Boden zerstört bist, daß du am liebsten nur herumliegen, lange schlafen und fernsehen möchtest – tu's nicht! Stärke stattdessen dein Gefühl von Selbstbestimmtheit und Autonomie, indem du deinen **»inneren Ort der Kontrolle«** erhöhst, die Macht, über die du verfügst, um einfache kleine Änderungen vorzunehmen.

Setze dir noch heute drei Deadlines für neue Projekte und plane drei schöne Events mit lieben Menschen. Trage sie in deinen Kalender ein. Dann mach diese Dinge und treffe diese Leute zum ausgemachten Zeitpunkt.

Sich Termine zu setzen und sie dann einzuhalten ist ein todsicheres Mittel, sich als der entschlossene Super-Lenker seines Schicksals zu fühlen, der man – eigentlich – auch ist.

Tip **32**

Sieh das Leben als gigantischen Eisbecher mit unendlich vielen Geschmacksrichtungen.

SURVIVAL-STRATEGIE:

Sag dir, das Ziel des Lebens ist es, so viele Erfahrungen in so vielen Richtungen wie nur möglich zu machen.

ERKENNE: Jede Herausforderung bietet die Gelegenheit, das Leben in anderer Weise zu schmecken, **neue Gedanken** zu denken und ein neues emotionales Aroma zu spüren. Je unterschiedlicher die Lebensaromen sind, um so interessanter, vielschichtiger, gebildeter und welterfahrener wirst du werden. Zugegeben, nicht jedes Aroma wird dir schmecken. Aber hey, du mußt diesem Aroma ja auch nie wieder nahekommen. Genieße stattdessen Geschmacksrichtungen, von denen du weißt, daß du sie überaus gerne magst! Und hab keine Angst davor, auch etwas auszuprobieren, das vielleicht seltsam aussieht – man kann nie wissen!

Tip 33

Streck dich.

Fakt: Wer sich nicht streckt, der wächst auch nicht.

Problem: Sich strecken bedeutet gewöhnlich, daß man sich (ächz) unwohl fühlt. Du mußt mit dem Schmerz des Unbekannten und der Bearbeitung neuer emotionaler und mentaler Muskelgruppen klarkommen.

Fakt: Die meisten Menschen haben
1) Angst vor dem Unbekannten, geben sich
2) damit zufrieden, so wenig Anstrengung wie möglich zu investieren, und sind
3) nicht gewillt, für eine langfristige Belohnung einen kurzfristigen Schmerz hinzunehmen.

Fakt: Du aber nicht, stimmt's?

* * * * * * * * * * * * * * * *

SURVIVAL-STRATEGIE:

Denk in schwierigen Zeiten immer daran: Ohne Wachstums**schmerzen** kein Wachstums**erfolg**! Also vergiß nicht, dich zu strecken.

Tip 34

Sieh es, wie es ist, und sieh es besser, als es ist.

Das ist schon eine komische Sache, die Motivation.

Manchmal ist es einfacher, sich selbst zu motivieren, eine Million Dollar zu machen als nur eintausend Dollar – die Vorstellung von so unglaublich viel Geld dreht einen dermaßen auf, daß man plötzlich die Energie hat, mit einem einzigen Satz, oder unzähligen Sätzen, Hindernisse zu überwinden.

Schaff dir das traumhafteste aller Traumziele, wenn du aus deiner Krise auftauchst, und gib dir einen Ruck, härter denn je zu versuchen, wieder auf die Beine zu kommen.

Aaron Beck, der berühmte Psychotherapeut, der auf die Behandlung von Depressionen spezialisiert ist, glaubt, der entscheidende psychische Faktor, der die Menschen in der Verzweiflungsfalle gefangenhält, ist »Hoffnungslosigkeit«.

Seine Lösung? Sich als Anreiz außergewöhnliche Wunder, die man erreichen will, vorstellen!

SURVIVAL-STRATEGIE:

»OHNE EINE VISION GEHEN DIE MENSCHEN ZUGRUNDE.« Denk dir eine Vision aus, wie dein Leben sein soll. Dann stell es dir um 50 Prozent besser vor, als du es haben willst. Wo siehst du dich in einem Jahr? Mach es noch um 50 Prozent toller! Wo siehst du dich in fünf Jahren? Verdopple deine Ziele für Freude! Umgib dich mit Gedankenbildern, in die du gehst, nach denen du strebst.

Tip 35

Schreib nicht nur eine »To Do«-Liste. Schreib eine »To Be«-Liste.

Was für eine Person wirst du sein müssen, um harte Zeiten durchzustehen und alles, was du dir im Leben wünscht, zu kriegen?

SURVIVAL-STRATEGIE:

Erstelle eine Liste von Eigenschaften, die dich dahin bringen, wo du sein möchtest. Nimm dir vor, danach zu streben.

Tapfer.

Geduldig.

Kommunikativ.

Direkt.

Ein guter Zuhörer.

Weltoffen.

Verzeihend.

Optimistisch.

Innovativ.

Flexibel.

Stark.

Diszipliniert.

Organisiert.

Tip 36

Echter Zucker führt zu echtem Zucker-Blues.

Zucker-Blues ist ein echtes Leiden und in der Medizin auch als »Mann, bist du mürrisch!« bekannt.

SURVIVAL-STRATEGIE:

Halte dich in Zeiten, in denen Depressionen vorprogrammiert sind, mit stark gezuckerten Süßigkeiten wie Schokolade, Kuchen und alkoholischen Getränken wie auch dem nicht so offensichtlichen Zucker in stark kohlehydrathaltigen Dingen wie Pizza und Pasta zurück. Stille deine Lust auf Süßes stattdessen mit Früchten, die der Körper langsamer verarbeitet, damit dein Blutzuckerspiegel nicht zu stark nach oben oder unten ausschlägt.

Tip **37**

Lachen ist ansteckend gesund.

Wenn jemand mit dir lacht, breitet sich nicht nur gute Laune aus, sondern es sinkt auch der Blutdruck, das Immunsystem bekommt einen Kick, die Gehirnfunktionen verbessern sich, das Risiko einer Herzerkrankung sinkt und Streß, Wut und Angst verringern sich.

Sinn für Humor ist in schwierigen Zeiten besonders wichtig – nicht nur wegen der körperlichen Vorteile, sondern auch für die Psyche.

Du kennst die Redensart »Es tut nur weh, wenn ich lache«. Ich denke mir lieber: »Es tut nur weh, wenn ich nicht lachen kann.«

Für mich ist Humor ein toller »Stimmungsaufheller« – er wirft ein anderes Licht auf ein Ereignis, so daß es nicht mehr so weltbewegend erscheint. Ich habe oft gewitzelt: Komik ist, wenn schlimme Dinge Menschen widerfahren, die nicht ich sind. Eines Tages wurde mir klar, daß mein kleiner Witz in Wirklichkeit sehr buddhistisch ist. Wenn ich mein Ego rausnehme, bin ich nicht mehr länger persönlich mit dem Ergebnis einer Situation verbunden und auch eine erfahrene Demütigung oder das Selbstmitleid verlieren an Bedeutung. So ist es wesentlich einfacher, das Komische daran zu erkennen.

Mit einem ausgeprägten Sinn für Humor bist du in der Lage, der Bedeutung, die du einem Ereignis beimißt, einen neuen Rahmen zu geben, so daß es nicht mehr ganz so verheerend oder beschämend erscheint.

SURVIVAL-STRATEGIE:

Tu so, als wärst du der Satiriker Jon Stewart, und gib einem schlimmen Ereignis eine komische Note. Mit einem Lachen fühlen sich die Dinge nicht nur weniger niederschmetternd an, sondern geben auch die Gelegenheit zu einer objektiveren Sichtweise.

Wenn der Bleistift 2 so beliebt ist, warum ist er dann immer noch 2?

Tip 38

Have a Break und vermeide so den Breakdown.

Der Dalai Lama sagt: »Wenn du willst, daß andere glücklich sind, zeige Mitgefühl. Wenn du selbst glücklich sein möchtest, zeige Mitgefühl.«

Mit anderen Worten, setz dich nicht selbst unter Druck, allzu schnell wieder obenauf zu sein.

Nach einem traumatischen Ereignis scheint die Zeit zu kriechen. Eine Woche kommt einem vor wie sieben Wochen. Du fühlst dich im luftleeren Raum festgenagelt, wo alles außerhalb deiner Kontrolle ist.

Sei wegen deiner Fortschritte nicht ungeduldig.

Monate nach dem Ereignis kannst du meinen, du müsstest dich viel besser fühlen. Aber mach dir klar: *Der Erholungsprozeß kennt keinen Zeitplan.* Es ist nicht realistisch, zu versuchen, sich 100 Prozent der Zeit 100 Prozent besser zu fühlen. Das führt auch nur zu einer weiteren Enttäuschung.

Schon sechs Monate nur zu *51 Prozent das positive Gefühl zu haben,* daß die Dinge sich bessern und das Leben bald wieder in Ordnung sein wird, *ist ein riesiger Meilenstein.* Freu dich. Du hast die Depression hinter dir gelassen!

SURVIVAL-STRATEGIE:

Geh ans Tempo deiner Erholung **mit einer realistischen Erwartung** heran. Setz dir ein **erreichbares** Ziel, wann du dich besser fühlen möchtest, und geh mit kleinen Schritten darauf zu. Halte deinen Fortschritt je nachdem, ob du dich gut oder schlecht fühlst, mit kleinen Plus- und Minuszeichen in deinem Tagebuch fest. Dein Ziel ist es, schließlich einen Trend hin zu den Pluszeichen zu erkennen!

Tip **39**

Schrumpfe negative Energie auf Erbsengröße.

Beschränke den Zeitraum, den du dir für negative Gedanken zugestehst, auf täglich dreimal 3-Minuten-Erbsen.

SURVIVAL-STRATEGIE:

Reserviere dir eine bestimmte Zeit am Tag, in der du negativen Gedanken nachhängen darfst. Wann immer dann im Laufe des Tages sich ein negativer Gedanke in deinen Kopf schleicht, sagst du dir, du kannst erst an deinem **festgesetzten Negativitätstermin** darüber nachdenken. Wer weiß, vielleicht willst du nicht mal negativ denken, wenn die Zeit dafür gekommen ist?

Um die negative Energie noch weiter zu reduzieren, kannst du deine Gedanken auch aufschreiben. **Spucke sie aus. Streiche sie anschließend durch.** Während du die Worte durchstreichst, sagst du dir, daß du diese negativen Gedanken losläßt. **Und dann laß sie los, verdammt noch mal!**

~~Ich bin so niedergeschlagen.~~

~~Ich hasse meinen Job.~~

~~Ich bin ein Idiot.~~

~~Ich kann das nicht.~~

Tip 40

Erkenne deine schwachen Tage.

SURVIVAL-STRATEGIE:

Schau in deinen Kalender. Gibt es **Tage** in der Woche, an denen du dich besser oder schlechter fühlst? **Wann** fühlst du dich am meisten gestreßt? Sind Wochenenden schlimmer? Bei **welchen** Ereignissen oder Situationen in der Woche verlierst du den Überblick oder die Nerven? Sind Ferien, Gedenk- oder Geburtstage emotionale Minenfelder? Erkenne die Schwachstellen und **plane voraus.** Sorge dafür, daß du in kritischen Zeiten – wie auch an kritischen Vormittagen und kritischen Nachmittagen – nur schöne und entspannende Dinge zu tun hast!

Tip 41

Nutze deine Ferien als Kur für Geist und Seele.

Wie kommt es, daß man oft erst wegfahren muß, um die Dinge plötzlich klarer zu erkennen? Ja, oft sieht man ein paar tausend Meilen weit weg am besten, was im eigenen Leben so los ist.

Warum ein Urlaub für eine geistige Erneuerung perfekt geeignet ist:

1. Von allem wegzukommen erinnert einen daran: Du bist nur ein winzigkleines Pünktchen in einer riesengroßen Welt, und das bedeutet, du hast keine Riesenprobleme. Du hast winzigkleine Problemchen, und es ist nur an DIR, *sie zu lösen.*

2. In dem Augenblick, den es dauert, dieses tolle Bild, die Kirche, die Aussicht, das in Leder gebundene Büchlein oder das Schokoladencroissant zu betrachten, *bist du ganz im Hier und Jetzt,* anstatt dich mit deinen alten Problemen zu beschäftigen.

3. Durch eine Änderung der Umgebung änderst du auch das Energieniveau deines Denkens – und bist besser imstande, neue Lösungen zu sehen. Mit dem Wechsel der Umgebung beseitigst du die negativen optischen Schlüsselreize, die dich sonst herunterziehen.

4. Der Urlaub hält dich von Telefonen, Zeitungen, E-Mails und ungeliebten Rechnungen fern. Ein Befreiungsschlag für die Seele!

SURVIVAL-STRATEGIE:

Gönn dir einen Urlaub – und laß den emotionalen Ballast am Flughafen zurück. Fahr wenn möglich an einen Ort mit viel Sonne, damit du auch viel Licht und Möglichkeit zu sportlicher Betätigung hast. Schreib dir aus dem Urlaub »Postkarten mit neuen Einsichten« und schicke sie an dich nach Hause. Sie werden dich an eine Sichtweise der Dinge erinnern, die du nicht verlieren möchtest.

Tip 42

Ein Rückschlag im Job bringt dich im Lernen weiter.

Wenn du gerade beruflich einen Rückschlag erlitten hast – willkommen im Club. Und das ist, nebenbei bemerkt, ein Club äußerst erlesener und erfolgreicher Leute.

Erfolgreiche Menschen sind nicht Menschen, die nie einen Sturz erleben. Es sind Menschen, die wissen, wie man sich den Sturz zunutze macht. Wenn sie zu Boden gehen, machen sie den Grund zu einem Trampolin, von dem sie wieder hochfedern.

Bill Gates hält von den Lektionen des Scheiterns so viel, daß er bei Microsoft mit Absicht Leute einstellt, die Fehler gemacht haben. »Das zeigt, daß sie Risiken eingehen«, sagt Gates.

John Kotter, Professor an der Harvard Business School, ist der Ansicht, daß es leitenden Managern eher zu denken gibt, wenn Bewerber behaupten, ihnen sei noch nie ein Fehler unterlaufen – denn das bedeutet, daß sie noch nie ein Risiko eingegangen sind.

Roberto Goizueta, der CEO von Coca-Cola, sagt, der eigentliche Grund, warum er den Mann, der die New Coke – ein riesengroßer Marketingflop – lancierte, wieder einstellte, war dessen Risikofreude. Goizueta erkannte, daß man seine Wettbewerbsfähigkeit verlieren kann, wenn man Fehler nicht toleriert. Wer die »Vermeidung von Fehlern« zur Motivation erhebt, begibt sich gefährlich weit in Richtung Inaktivität. »Stolpern kann man nur, wenn man sich bewegt«, sagt er.

SURVIVAL-STRATEGIE:

Okay. Du bist also gestolpert und auf die Schnauze gefallen. Vielleicht sogar im großen Stil. Fokussiere dich darauf, daß dein risikofreudiges Denken dich **klüger** macht. Wenn du nach deinem Mißgeschick gefragt wirst, so stelle es als **positive Lektion** dar und zeige, daß du jemand bist, der über den Tellerrand hinausdenkt.

Tip 43

Die Zeit läßt uns genesen und enthüllt, was gewesen.

Dazu ein buddhistisches Märchen ...

Es war einmal eine Familie, die lebte in dem Dorf Man-Kann-Nie-Wissen.

Eines Tages rutschte der einzige Sohn beim Pflügen auf einer Orange aus – und brach sich den Arm. Seine Eltern waren entsetzt. Wie konnte das passieren? So ein Unglück!

Am nächsten Tag ... Der Vater rutschte auf einer Orange aus – und brach sich beide Beine. Verdammt, die Familie kam sich verhext vor! Sie fragte sich: Wofür werden wir so bestraft?

Dann, nach nicht mal einer Woche ... In dem Dorf Man-Kann-Nie-Wissen brach ein großer schlimmer Krieg aus, und alle wehrtüchtigen Männer wurden zum Militärdienst einberufen.

Der einzige Sohn und der Vater wurden wegen ihrer Verletzungen als nicht kampffähig eingestuft und zuhause zurückgelassen.

Es war ein unglaublich brutaler Krieg. Ich will gar nicht in die blutigen Details gehen, aber es kehrte kein Soldat aus dem Krieg zurück. *Nada*. Nicht ein einziger.

Da fühlte sich unsere Familie auf einmal nicht mehr so gestraft.

Nachdem sie einiges vom Großen Bild des Lebens zu sehen bekommen hatten, waren sie sogar sehr glücklich.

* * * * * * * * * * * * * * * *

SURVIVAL-STRATEGIE:

Schau dir das große Bild an ... Mach dir klar, daß das, was aus der Nähe betrachtet so schlimm wirkt, aus der Ferne verdammt gut aussehen kann.

Tip 44

Heuere eine höhere Macht an.

Ich muß gestehen, ich bin eher spirituell denn religiös. Und was das Beten zu Gott anlangt, so suche ich lieber in meinem Inneren, in diesen uns eigenen unendlich mächtigen Ressourcen, wo nach Ansicht so mancher Menschen Gott wohnt, nach Führung.

Da fällt mir einer meiner Lieblingscartoons ein ... Zwei Strumpfpuppen unterhalten sich miteinander. Sagt die eine zur anderen: »Manchmal frage ich mich, ob es eine Hand gibt.«

Ich glaube, wir sind unsere innere Hand und die göttliche Macht lebt in einem jeden von uns und beschert uns das Leben, das wir uns wünschen – ganz egal, was für Probleme sich stellen!

Allerdings glaube ich auch, daß es nicht wichtig ist, ob die »göttliche Führung« tief aus dem eigenen Innern oder von ganz oben kommt. *Wichtig ist, daß man sich in einer schwierigen Phase die Zeit nimmt, sie zu suchen.* Studien belegen, daß gläubige Menschen weniger von Depressionen berichten als nichtgläubige. In einer Studie wurden 101 Probanden zwischen 18 und 49 Jahren gebeten, einen Fragebogen zu ihren religiösen Gewohnheiten auszufüllen. Diejenigen, die regelmäßig zur Kirche gingen und oft beteten, waren die glücklichsten.

Ich persönlich denke, es gibt Gründe, warum diese gläubigen Menschen auf der Glücksskala so hohe Punktzahlen erzielten – und nicht all diese Gründe haben mit Religion als solches zu tun. Gläubige Menschen profitieren von der dadurch garantierten sozialen Unterstützung, die eine Kirche, Synagoge oder Moschee bietet. Und diese Gemeinschaft ist bei einem Trauma oder einer Krise ganz besonders hilfreich.

Außerdem kann Religion das Gefühl von Sinn und Zweck vermitteln. Nach dem Psychiater Ed Diener *ist der Glaube an etwas Größeres als man selbst – das Gefühl, es gebe eine ordnende Hand inmitten all des Chaos – ein wichtiger Bestandteil fürs Glücklichsein.*

Man kann diesen Sinn im religiösen Gebet oder in einem spirituellen Glaubenssystem finden. Oder man kann schlicht eine eigene Lebensphilosophie entwickeln, die dazu inspiriert, Lernen und seelisches Wachstum anzustreben.

Doch ich muß gestehen, daß es mir ziemlich schwerfiel, eine höhere Macht anzuheuern, als ich meine Krise hatte.

Ich meine: Wo war Gott, als ich ihn am Tag des sexuellen Übergriffs brauchte? Wenn es Gott gab, so war er, wie der Philosoph Gottfried Leibniz behauptete, ein »Underachiever«, blieb also unter seinem Potential. In seinen Schriften stellte Leibniz, wie so viele von uns bei einer persönlichen Tragödie, sich die Frage, wie Gott, der angeblich gut war, soviel Übel und Leid in der Welt zulassen könne!

Schließlich nahm Leibniz Gott in Schutz, indem er die Theorie aufstellte, da Gott allwissend sei, könne er alle möglichen unterschiedlichen Welten beurteilen. Und deshalb wählte Gott vermutlich die Welt, in der wir leben – so schlimm sie uns auch manchmal erscheinen mag –, denn sie ist das kleinste Übel.

Mit anderen Worten: Ganz egal, wie problembehaftet einem das Leben vorkommt, es könnte noch viel, viel schlimmer sein. Das tröstete mich ein wenig.

Rabbi Harold Kushners Ansicht, warum guten Menschen schlimme Dinge widerfahren, war mir ebenfalls ein Trost. Kushner vertritt die Überzeugung: Gott könnte alles in unserem Leben kontrollieren – das Gute und das Böse. Doch dann wären wir nur Stepford-Menschen und es würde überhaupt keinen Spaß machen, zu leben – und es gäbe auch kein seelisches Wachstum. Als Gott uns dieses fabelhafte Ding namens »freier Wille« schenkte, bedeutete dies auch, dass wir selbst bestimmen können, wie wir mit all dem Leid fertigwerden, das uns im Laufe des Lebens nach »freiem Willen« widerfährt.

SURVIVAL-STRATEGIE:

Wenn du in einer schwierigen oder schlimmen Situation gerne **einen Sinn und Zweck erkennen würdest,** doch von Zweifeln und Hoffnungslosigkeit übermannt bist, empfehle ich diesen Aufwärm-Psalm für deine Psyche. Ich habe ihn gehört, als ich ein Kind war, und ihn während meiner Krise zufällig bei Google wiedergefunden (Hm ... zufällig?)

EIN PSALM FÜR DIE PSYCHE

(So oft wie nötig wiederholen)

Ich bat um Stärke ...
Und Gott gab mir Schwierigkeiten, um mich stark zu machen.

Ich bat um Weisheit ...
Und Gott gab mir Probleme zu lösen.

Ich bat um Wohlstand ...
Und Gott gab mir Verstand und Muskelkraft, um zu arbeiten.

Ich bat um Mut ...
Und Gott gab mir Gefahren zu bestehen.

Ich bat um Liebe ...
Und Gott gab mir Leute mit Schwierigkeiten, um ihnen zu helfen.

Ich bat um Gefälligkeiten ...
Und Gott gab mir Gelegenheiten.

Ich erhielt nichts von dem, was ich wollte,
aber ich bekam alles, was ich brauchte.

Tip 45

Je schlimmer auf
dem spirituellen Weg
das Unglück ist,
um so größer ist
die Anerkennung.

Im Buddhismus gelten riesengroße Probleme als Anerkennung – als Zeichen, daß man eine alte Seele ist, die darauf geprüft wird, ob sie bereit ist, in die nächste Stufe der Erleuchtung aufzusteigen.

Das Gesetz des Karma verweist auch darauf, daß alles, was uns in diesem Leben passiert, als eine Lektion, die wir zu lernen haben, perfekt auf uns zugeschnitten ist. Und wenngleich viele Prüfungen im Leben uns sehr schwer erscheinen, weiß das Universum doch genau, was es tut, und erlegt uns nie mehr auf, als wir bewältigen können.

SURVIVAL-STRATEGIE:

Betrachte augenblickliche schlimme Ereignisse als **Prüfung** deines Charakters. Jetzt frage dich: Was um Himmels willen sollst du lernen? Geduld? Mitgefühl? Bessere Kommunikation? Deine Steh-auf-Männchen-Qualität? Vergebung? Offenheit? Welche **Stärken** mußt du noch weiterentwickeln? Dann geh bewußt los und **arbeite** daran!

Tip 46

Mach deinen eigenen »Elevator Pitch« und fasse dein Unglück in ein paar Kernsätzen zusammen, um Halt zu bekommen.

»Nach einem Trauma oder Verlust muß man davon ausgehen, daß die Leute einem nicht richtig zuhören«, sagt Dr. Al Siebert, der Leiter von Portland, dem Resiliency Center in Oregon, und Autor von The Resiliency Advantage. Im Durchschnitt wird sich jemand deine Geschichte höchstens ein bis zwei Minuten lang anhören, bevor er sich abwenden oder dich mit seiner Meinung unterbrechen will.

Siebert rät, die eigene Seele durch das Setzen von Grenzen zu schützen und sich eine ein- bis zweiminütige Version dessen zurechtzulegen, was man hinter sich hat – eine Art »Elevator Pitch«, sprich die sehr gelungene Präsentation eines Sachverhalts (ursprünglich ein Verkaufsgespräch, das die Dauer einer Fahrt in einem Aufzug (Elevator) nicht überschreiten soll). Siebert erinnert uns auch daran, daß es völlig in Ordnung ist, überhaupt nichts darüber sagen. Ein direktes »Danke der Nachfrage, aber ich möchte jetzt nicht darüber reden« ist oft eine gute Alternative.

SURVIVAL-STRATEGIE:

Überlege, wie deine ein oder zwei Minuten lange Geschichte aussehen soll. Versuche eine neutrale oder positive Sprache zu finden, damit du den Schmerz nicht noch mal durchlebst. Siebert empfiehlt auch, ans Ende einen **positiven »Kick«** zu stellen. Zum Beispiel: **»Ja, ich habe eine fürchterliche Zeit hinter mir, aber ich komme klar. Und wie steht's bei dir? Hast du jemals so etwas durchgemacht?«** Durch die Aufforderung zur Empathie verringert sich die Wahrscheinlichkeit, daß die Antwort dich verletzt.

Wenn du das Gefühl hast, du bist mit jemandem zusammen, der dich unterstützt, und dieser Person von dem Erlebnis erzählen willst, so kündige dies zunächst dem Zuhörer an, etwa so: »Ich muß gestehen, was ich durchgemacht habe, ist eine höchst emotionale Sache. Wenn du eine Stunde Zeit hast, würde ich dir gerne davon erzählen.« Auf diese Weise schützt du dich vor der Enttäuschung, daß deine Schilderung abgewürgt wird.

Tip 47

Mach aus »nicht« »noch nicht«.

Denk dran: Nur weil etwas Schlimmes wie eine Blockade steht zwischen dem, was du willst, und dem, was du hast, heißt das noch lange nicht, daß die Welt nicht doch ja zu dir sagt.
Beim Universum bedeutet aufgeschoben nicht aufgehoben.

SURVIVAL-STRATEGIE:

Stell dir vor, wie das, was du willst, in einem Lieferwagen angeliefert wird – der aber gerade noch im Stau steht.

Tip **48**

Bonsai oder Eiche? Es ist deine Weiche.

Alle sieben Jahre verändert sich jede Zelle im menschlichen Körper. Doch alle sieben Jahre wachst du wundersamerweise wieder als DU selbst auf. Wie ist das möglich?

Nach Aristoteles liegt das daran, weil in dir deine »Entelechie« steckt – dein ursprüngliches »Samenkorn«. Wie der Same einer Eiche dazu vorherbestimmt ist, zu einem großen Baum heranzuwachsen – und nicht zu einer Petunie, einem Rosenbusch oder einem Regenschirm –, besitzt auch du dein inneres Samenkorn, das dafür sorgt, daß du stets in irgendeiner Varietät zu deinem Du heranwächst. Doch je nach den Gegebenheiten kann der Same einer Eiche sich zu einem mächtigen Baum oder zu einem kümmerlichen Bonsai entwickeln. So kannst auch du zu einem starken Menschen heranwachsen oder zu einem Bonsai verkrüppeln, je nachdem wie du stürmische Zeiten bewältigst.

Tatsächlich glaubte Aristoteles, stürmische Zeiten seien genau das, was den Menschen helfe, stärker zu werden – genau wie Bäume, die den stürmischsten Umständen trotzen, die mit den kräftigsten Ästen sind.

Stürmische Zeiten bieten uns die Gelegenheit, zu stärkeren Menschen zu werden, vorausgesetzt, wir fokussieren uns auf das große Bild anstatt auf unsere Schwierigkeiten, sagte Aristoteles. »Es kommt darauf an«, schrieb er, »die Ziele, die wir im Leben anstreben, zu kennen, denn dann werden wir, wie Bogenschützen, die einen Punkt fest ins Visier nehmen, auch eher bekommen, was wir haben wollen.«

SURVIVAL-STRATEGIE:

Bleib wie der Bogenschütze auf dein Ziel im Leben **fokussiert.** Jedesmal wenn du versucht bist, nur den Schmerz und die Trauer zu sehen, wiederhole dir die Worte **»Ich werde stark«** und nimm dein Ziel ins Visier.

Tip 49

»Die wahre Entdeckungsreise besteht nicht darin, neue Landschaften zu erforschen, sondern darin, sie mit neuen Augen zu sehen.«

MARCEL PROUST

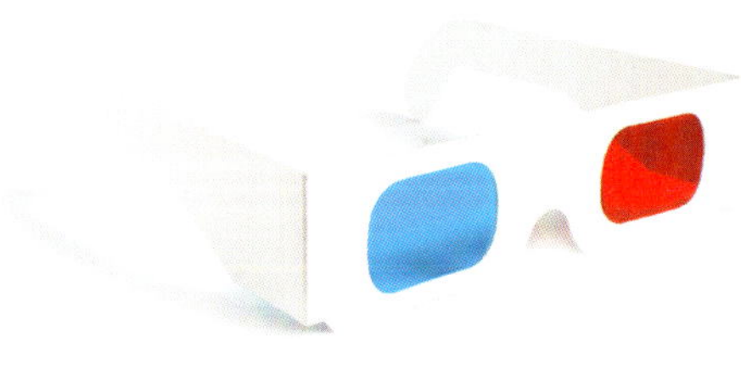

Wenn du gerade völlig mit den Nerven am Ende bist, versuche die Welt durch eine andere Brille zu sehen. Dazu ein kleiner buddhistischer Exkurs zum Staunen und sich inspirieren lassen!

Eines Tages nahm ein sehr reicher Mann seinen Sohn mit zu einem Ausflug aufs Land, damit dieser ein paar Tage auf dem Hof einer ganz ven Familie verbringen sollte. Sein Ziel war: Seinem Sohn eine Lektion darin zu erteilen, was es heißt, arm zu sein. Nach der Rückkehr fragte der Vater seinen Sohn: »Also was hast du nun darüber gelernt, was es heißt, arm zu sein?«

Der Sohn antwortete: »Ich habe gelernt, daß wir einen Hund haben. Sie haben vier. Wir haben einen Pool, der bis in die Mitte unseres Gartens reicht. Sie haben einen endlosen Fluß. Wir haben importierte Laternen. Sie haben des Nachts unzählige Sterne. Wir haben ein kleines Stück Land, auf dem wir leben. Sie haben Felder weiter, als das Auge reicht. Wir kaufen unser Essen. Sie bauen ihres an. Wir haben Mauern rund um unseren Besitz. Sie haben Freunde, die sie beschützen.«

Der Vater des Jungen war sprachlos.

»Ja, Vater«, sagte der Sohn, »du hast mir gezeigt, wie arm WIR in Wirklichkeit sind.«

Die Lektion: Mit Offenheit – mit »neuen Augen« – kann man eine neue Realität erschaffen.

SURVIVAL-STRATEGIE:

Hör noch heute auf, auf die immer gleiche Weise auf alles zu reagieren, was dich ärgert und streßt. Sieh dein Leben mit **»neuen Augen«**.

Tip 50

Ein Ball, der nach unten geworfen wird, prallt oftmals um so höher ab.

WARNUNG: *In einer Krise erscheinen die Dinge, die einem die Freude nehmen, größer, als sie in Wahrheit sind.*

Nicht nur die Reichen werden reicher, Studien belegen, daß häufig auch die Glücklichen glücklicher und die Traurigen noch trauriger werden – aufgrund einer Art »Glückstemperatur« im Gehirn, die man »Resonanz« nennt.

Glückliche Gedanken erzeugen durchweg dieselbe Resonanz im Gehirn – und rufen auf natürliche Weise die Erinnerung an andere glückliche Gedanken wach – die ebenfalls auf derselben Glücks-»Resonanz« schwingen.

Du hast diese Theorie der Resonanz vielleicht schon einmal bei Gitarren beobachtet. Wenn du die G-Saite auf einer Gitarre zupfst, wird die G-Saite auf jeder anderen Gitarre in der Nähe eine »sympathetische Resonanz« haben und ebenfalls anfangen zu vibrieren! Wenn du das noch nicht erlebt hast, solltest du es unbedingt ausprobieren!

Also, Erinnerungen werden auf spezifische Frequenzen »eingestellt«, auf der Basis der Information, mit der sie kodiert sind – wie »Das ist glückliches Zeug auf hoher Stufe« oder: »Das ist unglückliches Zeug auf niedriger Stufe.«

Auf welcher Resonanz deine augenblicklichen Gedanken auch simmern (»glücklich hoch« oder »unglücklich niedrig«), sie ziehen durchweg Erinnerungen an, die eine ähnliche Informationen enthalten.

Fazit: Wenn du glücklich bist, hat das einen Strom positiver Gedanken zur Folge. Das gleiche gilt umgekehrt für negative Gedanken.

Die gute Nachricht: Mit der Zeit schwingen die negativen Gehirnresonanzen schließlich zurück auf ihr normales Alltags-Level. Wenn das geschieht, tritt das Gefühl des »Rebound« oder Rückpralls auf.

Falls du dir also darüber Sorgen gemacht hast, daß du dich nie wieder »normal« fühlen wirst, vergiß es. Du bist biologisch darauf gepolt, auf dein normales durchschnittliches Glückslevel zurückzukommen.

Professor Richard Lucas von der Michigan State-University hat die Effekte guter und schlechter Zeiten auf die Grundstimmung erforscht. Die Bandbreite, auf die er sich bei seinen Studien konzentrierte, reichte von Testpersonen, die riesengroße Geldbeträge gewonnen hatten, bis zu solchen, die nach einem Unfall behindert waren. Seine Forschungen ergaben, daß alle Menschen anfänglich sehr heftig auf das Gute oder Schlechte in ihrem Leben reagierten. Doch nach einer Weile kehrten fast alle in ihre festgesetzte Glücklichkeits-Zone zurück.

Noch eine gute Nachricht: Seine Studien zeigten, *daß viele Menschen nach einer schlimmen Zeit tatsächlich berichteten, ihre Stimmung sei nun sogar besser als normalerweise. Er schreibt diesen Effekt dem Umstand zu, daß Menschen nach einem Schicksalsschlag das Gute in ihrem Leben mehr schätzen.*

Fazit: Wenn du deinen Fokus auf alles Positive in deinem Leben richtest, werden sogar noch weitere positive Erinnerungen wachgerufen ... und deine Stimmung steigt!

SURVIVAL-STRATEGIE:

Lege dir ein **Dankbarkeits-Tagebuch** zu. Halte darin fest: Wen liebst du? Was magst du gern? Was machst du gerne? Die Psychologen haben festgestellt, daß Menschen, die wöchentlich ein Dankbarkeits-Tagebuch führen, sich am Ende glücklicher, energiegeladener und optimistischer fühlen als jene ohne solch ein Journal. Also schreib all die Menschen, Dinge und Erlebnisse auf, die dir Freude bereiten, und halte dein Gehirn bei einer glücklichen Temperatur in Schwingung.

Tip 51

Ärger ist ein Bumerang.

Tatsächlich ist Ärger ein solcher Bumerang, daß wir ihn auch gleich »Bumerärger« nennen könnten.

In schwierigen Zeiten ist nichts einfacher, als gegen die Welt – und bestimmte Menschen auf ihr – zu wüten. Aber du kannst sicher sein, daß die Wut, die du nach außen abgibst, zu dir zurückkehrt, und dann fühlst dich du noch schlechter.

Wut ist eine starke Emotion, die sich auf vielfältige und hinterhältige Weise manifestiert.

Wenn ich von meiner sexuellen Nötigung erzählte, sagten viele meiner Freunde: »Na komm, Karen! Du mußt auf den Kerl doch eine Mordswut haben.« Soweit ich es sagen konnte, war das aber nicht der Fall. Ich spürte wirklich keine Wut in mir. Ich fühlte mich nur sehr traurig und sehr hungrig. Wie ich schon mehrfach erwähnte, hatte ich diesen unbändigen Drang, ständig Schokolade zu essen.

Doch natürlich war ich nicht hungrig. Ich war außer mir vor Zorn! Nach Ansicht vieler Psychologen, mit denen ich seitdem gesprochen habe, war meine Gier nach Schokolade meine Art, meine Wut auszuleben – gegen mich und meine Oberschenkel zu wüten, anstatt gegen den Angreifer und dessen Kniescheiben.

Nach Dr. Sandra Thomas, Psychologin und Leiterin der Studie *Women and Anger,* wenden viele Frauen ihre Wut nach innen, weil sie sich nicht gut fühlen, wenn sie ihr lautstark Ausdruck verleihen, und transferieren ihren Zorn auf den Mißbrauch von bestimmten Mitteln.

Ob eine Frau Mißbrauch mit Drogen oder mit Schokolade treibt, sie tendiert stets dazu, mit ihrem Selbstwertgefühl in eine unglückliche Abwärtsspirale zu geraten, da sie nicht nur über ihr Martyrium wütend ist, sondern zusätzlich über ihre eigene Abhängigkeit.

Klingt nach einem schlechten Deal. Es ist jedoch keineswegs so, daß Männer es da einfacher hätten. Bei vielen Männern manifestieren sich starke Emotionen, die ihnen ein Gefühl der Verwundbarkeit vermitteln, etwa Liebeskummer oder Verlust, als Wut. Weißt du noch, als ich sagte, Wut ist hinterhältig? Und zwar deswegen, weil sie dir vorgaukelt, stärker zu sein. Wut fühlt sich stark an. Trauer, Verlust und Scheitern fühlen sich schwach an.

Ich war überrascht, wie viele befreundete Männer mir tatsächlich anboten, meinem Angreifer eine Abreibung zu verpassen. Ich bin immer noch nicht sicher, wie ernst sie das meinten, aber eines war klar: Für die Jungs war diese »projizierte Wut« eine Möglichkeit, Mitgefühl zu zeigen.

Die Quintessenz ist folgende: Ob Mann oder Frau, wir alle suchen Wege, mit unserer Wut fertigzuwerden. Wie Dr. Thomas uns in Erinnerung ruft: »Wut ist wie ein zusammengequetschter Luftballon. Wenn er nicht auf der einen Seite herauskommt, tut er es auf der anderen.«

Psychologen der University of Wisconsin sagen, daß die Wut der Auslöser Nummer eins ist, wenn es um den Mißbrauch von Substanzen geht. Sie haben eine Methode entwickelt, die sich *»Forgiveness-Therapie«, also eine Therapie für das Vergeben, nennt und den Menschen hilft, Wege zu finden, die Wut, die dem Mißbrauch von Lebensmitteln oder Drogen oftmals zugrunde liegt, herauszulassen.* Und das scheint zu funktionieren.

In einer Studie wurden 14 drogen- bzw. alkoholabhängige Patienten nach dem Zufallsprinzip entweder in eine zweiwöchige Forgiveness-Therapie oder einen normalen Drogen/Alkoholentzug geschickt. Was passierte? Die Teilnehmer der Vergebungs-Therapie zeigten eine signifikant stärkere Besserung als jene im normalen Drogen/Alkoholentzug.

Fazit: *Wenn du dich nach einem Trauma oder Verlust wütend fühlst, ist es entscheidend, daß du mit deiner Wut in Berührung kommst und ihr angemessen Ausdruck verleihst. Nur dann wirst du vergeben können und einen Abschluß finden.*

SURVIVAL-STRATEGIE:

Laß deine Wut auf gesunde Weise heraus. Schlag auf ein Couchpolster ein; schrei in ein Kissen; reiß eine Zeitung in Schnipsel; renn auf der Stelle; wirf einen Gegenstand, der zerbrechen kann, ohne Schaden anzurichten; stampf mit dem Fuß auf. Tu alles was nötig ist, um die Wut (zumindest ein bißchen) aus deinem Inneren zu bekommen.

Atme danach tief durch und probiere die **Übung der Vergebungs-Therapie**, die der Wut-Experte und Psychologe Everett Worthington entwickelt hat. Mit ein wenig Anstrengung (und viel Mut) wirst du eine dauerhaftere Erlösung von deiner Wut finden:

A. Ruf dir die Verletzung in Erinnerung.

B. Empfinde Empathie und versuche die Tat aus dem Blickwinkel des Übeltäters zu verstehen.

C. Sei altruistisch, indem du dich an eine Zeit erinnerst, als dir vergeben wurde.

D. Drück deine Vergebung mit Worten aus – in einem Brief, den du abschickst oder auch nicht.

E. Bleib nicht in der Sache stecken.

Tip

52

Probiere die Gegengift-Therapie.

Viele Menschen, die eine Krise durchleben, versuchen es mit Affirmationen, doch ich habe festgestellt, daß die »Gegengift-Therapie« effektiver ist.

Und die geht so: Erinnere dich an eine tolle Zeit zurück – zum Beispiel als du ein Projekt bombensicher zum Abschluß brachtest oder unglaublich viel Liebe und Bewunderung erfahren hast.

Fasse diese Gedanken nun in ein oder zwei aussagekräftigen Wörtern zusammen wie:

BOMBENSICHER STAR UNIVERSUM DER LIEBE SEXUELLER ANZIEHUNGSPUNKT

Das könnten deine *Gegengift-Wörter* sein, wann immer dir ein niederschmetternder oder schwächender Gedanke in den Sinn kommt. Die Wirkung der Gegengift-Therapie ist stärker, denn sie ist mit einem tatsächlichen, zurückliegenden Erfolg verknüpft und dringt deshalb leichter zu deinem Probleme bereitenden Unterbewußtsein durch.

SURVIVAL-STRATEGIE:

Wenn das nächste Mal ein negatives Gefühl von dir Besitz ergreift, zappst du es mit deinen Gegengift-Wörtern weg.

Tip **53**

Seelische Krisen können deiner Gesundheit schaden.

Tatsächlich ist die Depression eine »Ganzkörper-Störung« mit verheerenden Auswirkungen auf Herz, Gehirn, Knochen und Stoffwechsel.

SURVIVAL-STRATEGIE:

Achte darauf, daß Vitamine, Mineralstoffe und Seratonin nicht zu stark abgebaut werden. **Sorge für eine bessere Stimmung, Vitalität und Entspannung mit:**

- Johanniskraut
- Ginkgo
- B_{12}
- Folsäure
- Vitamin C
- Zink
- Leinsamen
- Magnesium
- Calcium
- B_6

Tip 54

»Spooning« ist die beste Medizin.

Um zu testen, wie gut Kuscheln Streß reduziert, ließen Forscher des Department of Psychiatry an der University of North Carolina einer Gruppe von Probanden liebevolle Berührungen und Umarmungen angedeihen, bevor diese eine öffentliche Rede halten mußten, einer zweiten Gruppe nicht. Die Redner ohne »Kuschelfaktor« hatten einen viel höheren Herzschlag und Blutdruck als die anderen.

Viele Krankenhäuser wissen inzwischen um die beruhigende Kraft der Berührung und bauen in die Genesungstherapien Massagen ein. Dr. Mark Goulston, der als Psychiater mit Personen gearbeitet hat, die sexuell belästigt oder vergewaltigt wurden, weist darauf hin, daß Menschen, denen körperlich Gewalt angetan wurde, positives liebevolles Kuscheln besonders guttut.

»Ich bin zu der Überzeugung gelangt, daß unsere Haut ein eigenes Gedächtnis besitzt – für eine gute, schlechte und gar keine Berührung«, erklärt Dr. Goulston. »Es gibt auf der Welt nicht genug gute Berührungen, und viele Menschen geben sich damit zufrieden, überhaupt nicht angefaßt zu werden, nur um eine schlechte Berührung zu vermeiden.«

Wenn deine physischen Grenzen verletzt wurden, ist es besonders wichtig, daß du liebevolle Berührungen suchst, damit du die negative Erinnerung deiner Haut durch eine positive ablöst.

SURVIVAL-STRATEGIE:

Ganz egal wie niedergeschlagen du bist, suche dir jemanden zum Kuscheln, dem du **vertraust** und bei dem du dich sicher fühlst. Schon ein paar **Umarmungen** von einem platonischen Freund können die Stimmung heben. Geniere dich nicht, darum zu bitten, in den Arm genommen zu werden. **Eine andere Kuschelmöglichkeit:** Geh in die Tierhandlung und nimm Hundewelpen auf den Arm.

Tip **55**

Sing dir den Herzschmerz von der Seele.

Das Institute of Music, Health and Education fand heraus, daß schon fünfminütiges Singen oder Summen zu einer besseren Stimmung verhelfen kann.

Die kathartische Wirkung von Musik und Gesang ist seit langem bekannt. Aristoteles behauptete: »An den heiligen Melodien aber sehen wir, daß diese Leute, wenn sie Melodien in sich aufnehmen, welche die Seele berauschen, wieder zu sich gebracht werden, wie wenn sie eine Heilung und Reinigung erfahren hätten.«

Viele Religionen wissen, wie gut Musik den Menschen hilft, negative Emotionen zu überwinden. Religiöse Oberhäupter auf der ganzen Welt – die sich häufig in so gut wie nichts einig sind – stimmen darin überein, daß die Musik auf Seele, Geist und Körper eine reinigende Wirkung ausübt.

Anerkannte Musiktherapeuten verordnen heute Menschen nach einem Trauma oder in schwierigen Lebensumständen Singen, Tanzen und Musikhören, um die Genesung zu fördern.

Dr. Oliver Sacks, ein überzeugter Anhänger der Musiktherapie, zeigt in *Awakenings – Zeit des Erwachens*, daß die Musiktherapie Menschen, die ansonsten zurückhaltend und unkommunikativ sind, ein Ventil bietet und bei diesen das Trauma der Trauer mildert.

Hier meine Hitliste von empfehlenswerten Stimmungsaufheller:

A1	»WE WILL ROCK YOU«	QUEEN	»I CAN SEE CLEARLY NOW«	BOB MARLEY	A3
B1	»DANCING QUEEN«	ABBA	»CALLING ALL ANGELS«	K.D. LANG	B3
C1	»I WILL SURVIVE«	GLORIA GAYNOR	»IN MY LIFE«	THE BEATLES	C3
D1	»MOCKINGBIRD«	CARLY SIMON & JAMES TAYLOR	»BANANA BOAT SONG«	HARRY BELAFONTE	D3
E1	»LIKE A PRAYER«	MADONNA	»GIRLS JUST WANNA HAVE FUN«	CYNDI LAUPER	E3
F1	»MUSTANG SALLY«	WILSON PICKETT	»BRASS IN POCKET«	PRETENDERS	F3
G1	»THESE BOOTS ARE MADE FOR WALKIN'«	NANCY SINATRA	»EMOTIONAL RESCUE«	ROLLING STONES	G3

A5	»SIMPLY THE BEST«	TINA TURNER	»MY WAY«	FRANK SINATRA	A7
B5	»LIKE A ROLLING STONE«	BOB DYLAN	»LIVIN' ON A PRAYER«	BON JOVI	B7
C5	»RESPECT«	ARETHA FRANKLIN	»WE ARE THE CHAMPIONS«	QUEEN	C7

SURVIVAL-STRATEGIE:

Sing dir unter der Dusche oder in der Badewanne **die Seele aus dem Leib.** Verzichte auf Lieder, die du mit deinem Ex verbindest, und auf allzu larmoyante Texte. Wenn keiner meiner empfohlenen Songs dich aufheitert, versuch es mit »Hänschen klein, ging allein …« Hey, wenn man dieses alberne Lied singt, kann man gar nicht traurig sein. **Verkneif dir den Spott. Probier es aus.**

Tip 56

Was du durchmachst ist nicht nur **menschlich** – es ist »reptilisch«.

Zugeschnürt. Stotternd. Sprachlos.

In meinem Vortex-Modus fehlten mir absolut die Worte, ich war unfähig, mich auszudrücken. Ja, ich – die Autorin und Moderatorin. Wie sich herausstellte, gibt es für meine Stummheit eine neurologische Erklärung.

In Zeiten von extremem Streß wechseln wir Menschen in den sogenannten »Distreß« und fallen in unsere primitiven (reptilienhaften) Reaktionen zurück, die da lauten »fight, flight or freeze« – also »Kampf, Flucht oder Erstarren«. Die Neurochemischen Stoffe, die unser Körper in diesem aufs nackte Überleben reduzierten Zustand freisetzt, rauben uns fast 80 Prozent unserer Denkfähigkeit.

Meine Güte! Eine 80-prozentige Leistungsschwäche des Gehirns! Das ist eine Menge – vor allem wenn man bedenkt, daß wir im Gehirn normalerweise mit drei fabelhaften Schaltkreisen arbeiten:

1. das Stammhirn oder Reptiliengehirn »Kampf, Flucht oder Erstarren«, das sich aufs Überleben konzentriert;

2. das Limbische System oder die emotionale (rechte) Hirnhälfte, die auf Gefühle spezialisiert ist;

3. der Neocortex oder die »rationale« (linke) Hirnhälfte, die sich mit Denken, Problemlösen und Zielsetzung befaßt.

Dr. Mark Goulston, der mit selbstmordgefährdeten Jugendlichen gearbeitet und Unterhändler des FBI wie der Polizei bei Geiselnahmen geschult hat, weiß alles darüber, wie man aus schwierigen Situationen herauskommt. *»Wenn man voll im Distreß-Modus ist, verliert man die Fähigkeit zu denken, im Neocortex wie im Limbischen System. Infolgedessen kann man Gefühle nicht ausdrücken und auch Ereignisse nicht klar interpretieren,* also zieht man sich aufs ›Reptiliengehirn‹ zurück und wählt den Kampf (in Form von Wut). Oder die Flucht (in Form von Sucht oder Einsamkeit). Oder das Erstarren (in Form von Verleugnung oder Taubheit).«

Neurowissenschaftler haben beobachtet, daß das Gehirn bei einem Trauma vollkommen anders arbeitet, indem sie SPECT-(Single-Photon Emission Computed Tomography)Scans untersuchten, die Durchblutung und funktionale Aktivitäten im Gehirn messen. Wenn zum Beispiel bei einem Vietnamveteranen eine nichttraumatische Erinnerung induziert wird, ist zu sehen, daß die Synapsen im Gehirn gleichmäßig auf der RECHTEN und LINKEN Hirnhälfte sowie untereinander agieren. Wird jedoch ein traumatischer Flashback induziert, wird die RECHTE Gehirnhälfte – wo Bilder, Visionen und Emotionen entstehen – äußerst aktiv, während die LINKE Seite des Gehirns – wo Sprache und Logik angesiedelt sind – völlig dichtmacht.

WAS LERNEN WIR DARAUS:

1. Traumatische Erinnerungen werden anders gespeichert als normale Erinnerungen und sind schwerer bewußt zu verstehen und zu verarbeiten.

2. Es gibt neurologische Gründe, warum Menschen mit einem Trauma wie zugeschnürt, am Stottern und sprachlos sind. Die linke Gehirnhälfte wird buchstäblich abgeschaltet.

»Was Menschen letztlich heilt«, sagt Goulston, »ist die Fähigkeit, alle drei Schaltkreise des Gehirns zu integrieren.« Und dafür hat er die folgende Übung entwickelt.

SURVIVAL-STRATEGIE:

Wenn es dir nach einem Trauma schwerfällt, klar zu sprechen und zu denken, rät Goulston, die Augen zu schließen, das Erlebte zu visualisieren und dann folgende sechs Schritte durchzuführen, um von der untersten Ebene des Reptilienhirns zur **höchsten Ebene des rationalen Neocortex** »hochzulaufen«:

SCHRITT 1: **Sich seiner körperlich bewußt werden.** Wie reagierst du körperlich auf Distreß?

ANTWORT: Ich fühle mich ________ (angespannt, eng, betäubt, vorm Erbrechen etc.) in meinem ________ (Magen, Hals, Kopf, Rücken etc.).

Man setzt hier an, weil die meisten Menschen Streß an einer Stelle fühlen, die sie benennen können. (Und wenn man bei einer Übung die richtige Antwort geben kann, erhöht dies die Motivation, weiterzumachen.)

SCHRITT 2: Sich seiner emotional bewußt werden. Welche Emotionen passen am besten zu deinen körperlichen Empfindungen?

ANTWORT: Ich bin ________ (wütend, ängstlich, verspannt, depressiv etc.). Neuere Forschungen von Matthew Lieberman an der UCLA ergaben, daß allein schon die Fähigkeit, eine Emotion zu benennen, die »Amygdala-Aktivierung«, auch Emotionalität genannt, um die Hälfte reduziert. Dieser Schritt sollte dich also um 50 Prozent ruhiger machen.

SCHRITT 3: Sich seiner Impulse bewußt werden. Was möchtest du aufgrund deiner Gefühle tun?

ANTWORT: Ich habe den unkontrollierbaren Drang ________ (wegzurennen, zuzuschlagen, zu schimpfen, mich zu entschuldigen, mich selbst zu bemitleiden, mich zurückzuziehen etc.). Fähig zu sein, eine benannte Emotion in einen benannten Impuls zu übersetzen ist der erste Schritt zur Einsicht, d.h., du fängst bereits an, dich wieder in deinen Neocortex einzuklinken.

SCHRITT 4: Sich der Konsequenzen bewußt werden. Was könnten die Folgen sein, wenn du deinen Impulsen nachgibst?

ANTWORT: Als negative Folge meiner impulsiven Aktionen werde ich ________ (Gewicht zulegen, mit Sport aufhören, krank werden, meinen Job verlieren, mich anschließend selbst dafür niedermachen etc.).

SCHRITT 5: **Sich alternativer Lösungen bewußt werden.** Was wäre gerade im Augenblick die bessere Möglichkeit?

ANTWORT: Positive durchdachte Aktionen, die ich ausführen könnte, wären ________ (ehrenamtliche Tätigkeit, Arbeit an einem Projekt, das ich toll finde, Sport, Freunde anrufen etc).

SCHRITT 6: **Sich der Vorteile bewußt werden.** Finde heraus, was du bekommst, wenn du die Lösung in Schritt 5 wählst. Dann setz dich hin, atme tief durch und ruf dir alle Vorteile ins Gedächtnis, in deren Genuß du nun kommst, da du wieder alle drei Schaltkreise deines Gehirns aktiviert hast.

1. Du wirst dich stark genug fühlen, Herausforderungen zu bewältigen, anstatt sie zu meiden.
2. Die anderen werden Respekt vor dir haben und du selbst auch.
3. Du wirst dich trauen, dir Ziele für ein glückliches Leben zu setzen und diese zu verfolgen.

Tip 57

Meditation kann genauso beruhigend sein wie jede Medikation.

SURVIVAL-STRATEGIE:

Schließ die Augen. Konzentriere dich auf deinen Atem. **Atme** die Vergangenheit **aus**. Spüre, wie sie deinen Körper verläßt. **Atme** die Zukunft **ein. Stell dir vor,** was auf dich zukommen soll. Wiederhole das Ganze, bis du ganz entspannt bist.

Tip **58**

Mach dir Daseinsfreude zur Gewohnheit.

Weißt du noch, wie der Junge in dem Film *American Beauty* sich über die Schönheit einer ganz normalen Plastiktüte im Wind freut? Er besaß das, was Bertrand Russell in *Eroberung des Glücks* »die Gewohnheit der Lebensbejahung« nennt.

Lebensbejahende Menschen haben stets ein lebhaftes Interesse an den banalsten Dingen des Alltags und sehen im Gewöhnlichen das Außergewöhnliche.

Der Nobelpreisträger und Forscher Daniel Kahneman sagt, wir erleben täglich rund 20.000 einzelne Momente, die jeweils nur ein paar Sekunden dauern. Wann immer du etwas im Gedächtnis behältst, dann deshalb, weil dir dieser eine Moment wichtig war – und du ihn »eingefroren« hast.

Ich glaube, je mehr Erinnerungen man hat, desto stärker »lebt man im JETZT«. Und je weniger Erinnerungen man hat, desto mehr hetzt man nur durchs Leben.

* * * * * * * * * * * * * * * *

SURVIVAL-STRATEGIE:

Kultiviere deine Lebensfreude. Suche bewußt nach **der Schönheit im scheinbar Banalen.** Walt Whitman erkannte eine ganze Welt voller Schönheit in »einem einzelnen Grashalm«. Achte auf Farben und Formen der Lebensmittel, die du ißt. Auf die Schatten, die eine Vase auf den Tisch wirft. Die interessanten Gesichter der Leute im Bus. So wird nicht nur deine Gegenwart bereichert sein, du wirst vier Wochen später auch darauf zurückblicken können und mehr glückliche Erinnerungen haben.

Tip **59**

Spring über deinen Schatten und laß die schlechte Stimmung hinter dir.

Nach Martin Seligman gibt es drei Wege zum Glück: das angenehme Leben, das gute Leben und das sinnvolle Leben.

»Das angenehme Leben« ist die allein im Augenblick gründende Zufriedenheit – einfach Dinge zu tun wie Martinis schlürfen oder ein Computerspiel spielen. Doch irgendwann wird das langweilig und man will mehr.

»Das gute Leben« entsteht durch »Engagement«: Zeit mit Freunden und der Familie verbringen oder sich in einem lohnenden Arbeitsprojekt engagieren. Das ist schon eine Stufe höher in der Nahrungskette fürs Glück.

Doch die meisten Glücksgefühle entstehen, wenn man ein »sinnvolles Leben« führt – also seine persönlichen Stärken für ein höheres Ziel einsetzt.

In einem Experiment mit dem Titel »Philanthropie kontra Vergnügen« teilte Seligman seine Psychologiestudenten in zwei Gruppen auf. Die eine widmete sich vergnüglichen Aktivitäten (ins Kino gehen, leckeres Eis essen) und die andere befaßte sich mit philanthropischen Aktivitäten (in einer Suppenküche mitarbeiten, einem Blinden vorlesen).

Und jetzt rate mal! Die Nachwirkung des Glücksgefühls beim Vergnügen war nichts im Vergleich zu dem Glück durch altruistische Aktionen. *Und das bedeutet?* Wenn du anderen Gutes tust, wirst du dich selbst gut fühlen – und, nach Seligman, das höchste Maß an Wohlgefühl erreichen.

Ich vermute: Altruismus hebt die Stimmung, da er das Selbstwertgefühl hebt, was wiederum das Glücksgefühl erhöht. *Zudem: Wer anderen Gutes tut, löst sich aus seiner Selbstbezogenheit und lenkt sich von seinen Problemen ab.*

SURVIVAL-STRATEGIE:

Frage dich: Was kann ich Gutes tun? Wie kann ich denen helfen, die es nötiger haben? Engagiere dich in einer Wohltätigkeitsaktivität.

Tip **60**

Betrachte »furchtbar« als »fruchtbar«.

Sieh schlimme Zeiten nicht durchweg als »furchtbar«, sondern auch als »fruchtbar«. Sei neugierig und offen für die unsichtbare Ordnung in der komplexen Maschinerie, namens Universum. Wie Rumi sagte: »Verkaufe deine Klugheit und verschaff dir Staunen.« *Verschaff dir mehr Wunder – und das Leben wird sich wundervoller anfühlen.*

SURVIVAL-STRATEGIE:

Sag dir selbst: »Ist es nicht interessant, wie die Dinge sich entwickeln?« Tu so, als sei deine Geschichte ein spannender Kinofilm. Was hat der Protagonist zu lernen? Vielleicht sollst du eine augenblickliche Beziehung beenden, weil die betreffende Person allzu kontrollierend ist – wie es deine Mutter war. Und endlich darauf achten, allzu kontrollierende Menschen von deinem Leben fernzuhalten.

Tip **61**

Ein Hund ist mehr als des Menschen bester Freund. Er ist des Menschen bester Therapeut.

Hunde schenken uns mehr als nur ihre bedingungslose Liebe – sie leisten uns Gesellschaft, senken den Blutdruck und bauen Streß ab. In Zeiten der Krise sind die Vorteile, die ein Haustier einem bringen kann, eine große Hilfe! Tests haben bewiesen, daß durch das Gassigehen oder auch nur die Anwesenheit eines Hundes Kranke rascher gesund und Reha-Maßnahmen positiv unterstützt werden, schreibt Toyoharu Kojima in seinem Buch *Hunde*.

Die Journalistin Elizabeth Scott berichtet von einer interessanten Studie über New Yorker Aktienmakler mit hohem Blutdruck, von denen die eine Hälfte einen Hund bekam und die andere nicht. *Bei den Probanden mit Hunden waren Blutdruck und Herzfrequenz niedriger als in der Kontrollgruppe.*

Andere Vorteile, die uns Hunde bringen, sind mehr Bewegung und Sozialkontakte. Denk mal darüber nach. Wenn du mit dem Hund Gassi gehst, bist du in der Sonne und an der frischen Luft, bringst den Kreislauf in Schwung und wirst möglicherweise in Gespräche verwickelt – und all dies erhöht enorm dein generelles Wohlgefühl.

SURVIVAL-STRATEGIE:

Überlege, dir ein Haustier anzuschaffen oder auszuleihen. Wenn es ein Outdoor-Vierbeiner wie ein Hund (oder Frettchen!) ist, so zieh mit ihm um die Häuser. Handelt es sich eher um ein Indoor-Exemplar, leg dich mit ihm aufs Bett und schmuse mit ihm ungefähr 30 Minuten lang – als Haustier-Reha-Therapie.

Tip **62**

Ändere deine Körperhaltung. Ändere deine Geisteshaltung.

Wenn du niedergeschlagen bist, zeigt sich das an deinem Körper – Kopf und Schultern hängen herunter und die Atmung ist flach.

Doch der Selbsthilfe-Guru Anthony Robbins meint: *Wenn du dich einfach nur aufrechter hinstellst, die Schultern nach hinten schiebst und deine Worte mit Gesten unterstreichst, wirst du automatisch eine biochemische Veränderung spüren und dich besser fühlen.*

»Emotion entsteht durch Motion (Bewegung)«, sagt Robbins. *»Durch die Art, wie man sich bewegt, ändern sich auch Denken und Fühlen.«*

Robbins schlägt vor, in harten Zeiten bewußt zu versuchen, den Rücken geradezuhalten, sich mehr zu strecken, sehr tief zu atmen und kraftvoller auszuschreiten.

Selbst eine Kleinigkeit, die dich zum Lächeln bringt, erhöht schon den Sauerstoffgehalt und verbessert die Durchblutung, die wiederum die chemische Reaktion im Gehirn positiv stimuliert.

Tatsächlich werden die Gesichtsmuskeln beim Lächeln weniger angespannt als beim Stirnrunzeln. Dies deshalb, weil es wortwörtlich leichter ist zu lächeln als die Stirn zu runzeln – *also lächle, verdammt noch mal!*

SURVIVAL-STRATEGIE:

Bahne dir **»schauspielernd«** deinen Weg zu einer **positiveren Stimmung.** Führe deine Körperbewegungen energischer aus – und bald werden auch deine positiven Emotionen stärker sein!

Tip 63

Achte darauf, wie du deine Worte pfefferst.

Die Psychologen sagen, jedes Unglück trifft einen zweifach. Einmal in der Realität (das Unglück selbst) und einmal im Kopf (wenn du darüber nachdenkst und mit anderen darüber sprichst). Du kannst an dem Geschehenen zwar nichts ändern, aber du kannst darauf achten, wie du das Unglück dir selbst und anderen beschreibst.

Boris Cyrulnik, ein bekannter französischer Ethologe, sagt, es gebe einen guten Grund, darauf zu achten, was man sagt. Fast alle Frauen, mit denen er arbeitete und die ein sexuelles Trauma erlebt hatten, sagten, Mitgefühl habe ihnen bei der Genesung nicht geholfen. Stark machte sie vielmehr, daß andere zu ihnen sagten, sie seien »stark«. Cyrulnik argumentiert, wenn jemand zuviel Mitleid oder Entsetzen für einen äußert, kann dies den eigenen Schmerz sogar noch intensivieren.

Das kann ich bestätigen. Nach meinem Einbruch wollte ich nur mit Menschen zusammen sein, die mich in meiner Persönlichkeit als starker Mensch bestärkten – denn ich kam mir in dieser Zeit nicht sonderlich stark vor.

Cyrulnik warnt davor, nach einem traumatischen Erlebnis mit Leuten zu reden, die einen unabsichtlich im »Opfer-Modus« festhalten, indem sie mit Depressionen auslösender Sprache die traumatischen Erinnerungen wieder hochkommen lassen.

Sei dir der unterschwelligen Macht der Worte bewußt. Morrie und Arleah Shectman, zwei Psychotherapeuten, die auf die Verarbeitung von Trauerfällen spezialisiert sind, verwenden eine stärkende Sprache, wenn sie Menschen in einer Krise helfen. Morrie sagt, er rede nie »sympathetisch« mit seinen Klienten, denn das nehme die Kraft und halte den Patienten im Opfer-Modus gefangen. Dieser hängt fest, erlebt und analysiert seine Gefühle ständig von neuem, anstatt voranzukommen.

Morrie praktiziert das, was man Neurolinguistisches Programmieren (NLP) nennt, indem er das Unbewußte seiner Patienten mittels Sprache einem »Priming« (Bahnung von Verhaltensweisen) unterzieht, bei dem diese sich anhaltend stark fühlen. Die NLP-Therapie basiert auf der Überzeugung, daß man durch Beeinflussung des Unbewußten Verhaltensweisen in eine positivere Richtung drehen kann, indem man bewußt eine positive Sprache benutzt und sich erneut auf die Dinge fokussiert, die man ändern kann.

NLP ist ein höchst erstaunliches Phänomen. Im Jahr 2000 begann der Forscher John Bargh mit der berühmten Studie, die beweist, welch starken Einfluß der sprachliche Kontext auf unser Verhalten hat.

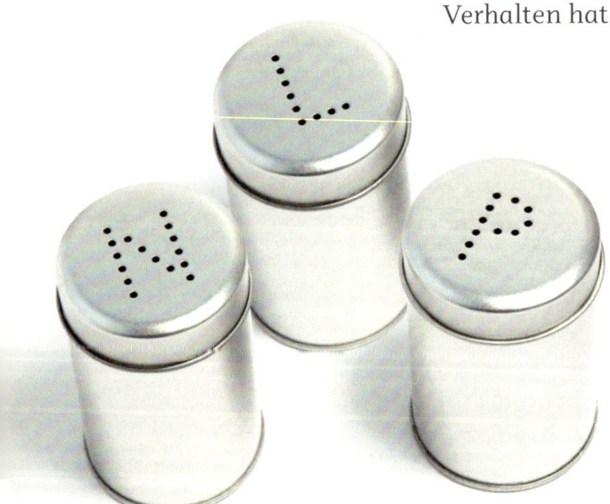

Bargh gab zwei Gruppen von Probanden zwei verschiedene Listen mit Wörtern, die sie in eine Ordnung zu bringen hatten, und sagte zu ihnen, sie würden auf einfaches Problemlösen getestet. Auf der ersten Liste standen Wörter, die Ungeduld, Rüpelhaftigkeit und Aggressivität implizierten. Die zweite Liste enthielt Wörter, die mit Geduld, Höflichkeit und Ruhe verbunden sind. Nach Abschluß des »Tests« wurden die Teilnehmer gebeten, die Listen einem Mitarbeiter zu bringen, der mit einem Kollegen in ein Gespräch vertieft war. Und DAS war der Moment, in dem das eigentliche Experiment stattfand.

Alle Teilnehmer, auf deren Liste Wörter mit der Implikation rüpelhaft und aggressiv standen, wurden genau so und unterbrachen den Mitarbeiter verärgert. Doch von den Probanden mit dem Geduld und Ruhe nahelegenden Text unterbrach die Mehrheit – 82 Prozent! – den Mitarbeiter überhaupt nicht.

Fazit: *Die Wörter, die wir benutzen und hören, haben Macht!*

Vermeide es während der Genesung, zuviel über deine schlimme Erfahrung zu reden, und streue stattdessen in deine Gespräche starke, aufbauende und optimistische Wörter ein – damit du zielgerichtet in eine positive Richtung marschierst!

SURVIVAL-STRATEGIE:

Ich bin absolut dafür, bei der Genesung professionelle Hilfe in Anspruch zu nehmen (siehe Tip 12). Doch wenn du zu einem Therapeuten gehst, so achte bitte genau auf seine Sprache – und die Häufigkeit, mit der er oder sie dich auffordert, dein Trauma zu beschreiben!

Natürlich sollte diese Achtsamkeit auch querbeet für alle Freunde und die Familie gelten. **DEIN ZIEL:** Dich mit einem Chor zu umgeben, der unterstützend in einer Endlosschleife singt: »Du bist stark! Du bist stark!«

Tip 64

Lerne, den Elefanten zu reiten.

»Den Kopf zu kontrollieren ist ganz ähnlich wie einen Elefanten zu reiten«, sagt Dr. Jonathan Haidt, Autor des Buches *Die Glückshypothese.* »Der Elefant steht für die überwiegend unbewußten – mächtigen Gedanken und Gefühle, die das Verhalten steuern. Die Menschen sind zwar viel schwächer, können aber trotzdem den Elefanten kontrollieren, genau wie wir über negative Gedanken und Gefühle die Kontrolle ausüben.«

Um deinen Elefanten zu reiten, mußt du dein Verhalten erkennen: Trittst du deinen Elefanten, weil du dich nicht rasch genug erholst? Nervst du ihn mit deinem ewigen ärgerlichen pessimistischen Wiederkäuen – du weißt schon, eine Situation immer wieder durchzukauen, um einen Sinn darin zu finden?

Durch das Wiederkäuen bleibst du stecken. Wie Albert Einstein sagte: »Probleme kann man niemals mit derselben Denkweise lösen, durch die sie entstanden sind.« **Um vorwärts zu kommen, mußt du mental die Spur wechseln.**

»Dauernd über einen Fehlschlag nachzugrübeln führt zu chronischem Streß«, warnt der Psychologe Everett Worthington. »Das Wiederkäuen ist der Böse Bube Nummer eins für die geistige Gesundheit. Es geht einher mit Depression, Angst und wahrscheinlich auch Nesselausschlag.«

* * * * * * * * * * * * * * * *

SURVIVAL-STRATEGIE:

Lege ein **ELEFANTENTRAININGSBUCH** an. Jedesmal wenn du deinen Elefanten mit einem negativen Gedanken trittst, schreibst du das auf. Schau dir nach einer Woche das Buch an. Fällt dir etwas auf? Tauchen dieselben drei (oder zehn) Gedanken immer wieder auf? Hinterfrage mit Hilfe der ABCDE-Technik aus Tip 9 diese Gedanken und mach aus deinem Elefanten ein zahmeres Tier.

Tip **65**

Tritt in das Persönlichkeits-Schutzprogramm ein.

Was du im Leben bekommst, hängt davon ab, wie du dich selbst – deine Persönlichkeit – siehst und wozu du imstande bist.

SURVIVAL-STRATEGIE:

Übernimm ein oder zwei der unten stehenden Sätze. **Mach sie dir zu eigen.** Überlege, einen dieser positiven Sätze als Bildschirmschoner zu verwenden.

1. Ich bin der Typ Mensch, zu dem die Welt »ja« sagt.
2. Ich bin unbezwingbar. Ich laß mich nicht kleinkriegen.
3. Ich bin der Phönix, der aus der Asche steigt.
4. Ein weniger starker Charakter würde jetzt zerbrechen ... aber ICH nicht!
5. Komm schon, Welt: Verpaß mir noch einen Schlag, wenn du dich traust! Ich habe alles, was man braucht, um bester Stimmung – und als Sieger – wieder aufzutauchen, jawohl!

Tip 66

Genieße die Aussicht mit Rumi.

SURVIVAL-STRATEGIE:

Wann immer du frustriert bist, soll dich mein Lieblingsgedicht des persischen Dichters Rumi aus dem 13. Jahrhundert erfreuen:

DAS GASTHAUS *von Rumi*

Das menschliche Dasein ist ein Gasthaus.
Jeden Morgen ein neuer Gast.
Freude, Depression und Niedertracht –
auch die Achtsamkeit kommt für einen kurzen Moment
als unverhoffter Besucher.
Begrüße und bewirte sie alle!
Selbst wenn es eine Schar von Sorgen ist,
die gewaltsam dein Haus
seiner Möbel entledigt,
selbst dann behandle jeden Gast ehrenvoll.
Vielleicht bereitet er dich vor
auf ganz neue Freuden.
Dem dunklen Gedanken, der Scham, der Bosheit –
begegne ihnen lachend an der Tür
und lade sie zu dir ein.
Sei dankbar für jeden, der kommt,
denn alle sind zu deiner Führung
geschickt worden aus einer anderen Welt.

Tip 67

Führe eine eigene Forschungsstudie zum Glück durch.

In schwierigen Zeiten fällt es schwer, zu glauben, dass so etwas wie Glück überhaupt existiert. Doch es existiert. Es ist an dir, das Glück zu finden. Es könnte gleich nebenan warten – bei deinem Nachbarn. Oder im Büro gegenüber – bei einem Kollegen.

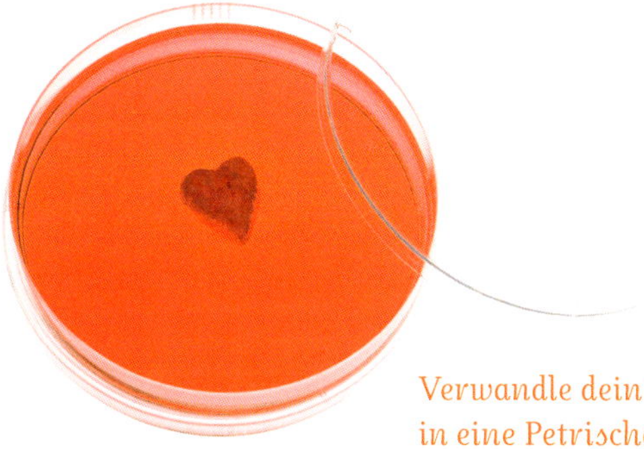

Verwandle dein Leben in eine Petrischale.

* * * * * * * * * * * * * *

SURVIVAL-STRATEGIE:

Werde zu deinem besten Experten in Sachen Glücklichsein.

Erstelle eine Liste mit Personen, die du für glücklich hältst. Mach weiter. Frage 25 Freunde, Kollegen, Familienangehörige, völlig Fremde, was »Glück« ist – und was sie tun, um so glücklich wie möglich zu sein. Überlege dann, welche Technik für dich am besten funktioniert.

Tip 68

Sei vorsichtig bei Entscheidungen, wenn du in einer schlechten Verfassung bist.

Die Psychologen sagen, es gebe zwei Möglichkeiten der Lebensführung: Entscheidungen werden auf der Basis von Angst oder von Vergnügen getroffen.

Vom Vergnügen geleitete Menschen entscheiden, auf das zuzugehen, was sie interessiert, begeistert und inspiriert.

Von der Angst geleitete Menschen lassen sich von der Angst vor Schmerz und Ungewißheit ablenken und fällen Entscheidungen auf der Basis von Vermeidung.

Vom Vergnügen geleitete Menschen sind – wen sollte es überraschen:

GLÜCKLICHER	WENIGER KONTROLLIEREND
AUSGEGLICHENER	WENIGER EIFERSÜCHTIG
ZENTRIERTER	WENIGER RACHSÜCHTIG

DOCH SEI GEWARNT: Wenn du eine unglaublich negative Zeit durchmachst, könntest du in eine von Angst gesteuerte Verfassung abgleiten, selbst wenn du sonst nicht so bist.

* * * * * * * * * * * * * * * *

SURVIVAL-STRATEGIE:

Bist du durch die gerade zurückliegenden Ereignisse stärker **angstgesteuert** und hast dich deshalb allzu sehr darauf fokussiert, Veränderungen, seelisches Wachstum, Achtsamkeit und Ungewißheit zu vermeiden? Nimm dir vor, dich stärker vom **Vergnügen leiten** zu lassen – und suche und freue dich über aufregende neue Rollen und angenehme Umstände!

Tip 69

Nimm dich vor wiederkehrenden Mustern in acht.

Läuft dein Leben ab wie der Film Und täglich grüßt das Murmeltier? Wachst du Tag für Tag mit den immergleichen Problemen auf? Bist du bei deinen Freunden dafür bekannt, daß du unterhaltsame Unglücks-Geschichten immer wieder erzählst – amüsante, aber auch verstörende Stories voller Trübsinn und Düsterkeit –, dann könntest du an »emotionalem Masochismus« leiden, einem universellen Selbstsabotage-Syndrom.

Das läuft so: Freude lernen wir als Kinder von den Eltern. *Im Grunde ist es so, als wachse jeder von uns damit auf, sich mit einem bestimmten Glückslevel wohlzufühlen. Manche von uns sind an 90 Prozent gewöhnt, andere an nur 75 Prozent oder gar 17 Prozent.* Der Punkt ist: Sobald sich diese Konzentration verschiebt, auch nach oben, werden viele von uns kribbelig, denn diese neue Zone fühlt sich nicht vertraut an. Was machen wir? Wir sabotieren uns selbst, um unseren Glückspegel wieder nach unten auf das Level zu verschieben, das uns vertraut ist.

Das Ergebnis? Wir erleben wiederkehrende Muster der Enttäuschung, Zurückweisung und Traurigkeit, weil wir darauf konditioniert wurden, uns mit diesem Unbehagen am wohlsten zu fühlen.

SURVIVAL-STRATEGIE:

Wenn du das nächste Mal versucht bist, Gewohnheiten der Selbstsabotage zu wiederholen, STOP das und sag dir stattdessen: **»Ich bin nicht mein altes Verhalten, ich bin nicht mein alter Schmerz.** Ich bin nicht so, wie andere mich behandelt haben. Ich bin nur der, für den ich mich in diesem Moment halte und was ich in diesem Moment zu tun entscheide.«

Tip 70

Sieh »Change« als Chance.

Wenn harte Zeiten einkehren und dein Leben auf den Kopf stellen, dann betrachte »Change« oder Veränderung als neue Chance für eine Weiterentwicklung – hin zu einem besseren Job, einer besseren Beziehung etc. Bleibe klar bei deinen ultimativen Zielen (Glücklichsein, Liebe, finanzielle Sicherheit, Gesundheit, Erfüllung etc.). Aber sei flexibel darin, wer und was dir diese Dinge bringen kann.

* * * * * * * * * * * * *

SURVIVAL-STRATEGIE:

Denk dir **neue Chancen aus,** die du verfolgen möchtest.

Tip 71

Suche die Ausnahmen von der Regel – und laß diese deine Haltung bestimmen.

Nur weil du gerade eine wirkliche Durststrecke durchmachst, heißt das noch nicht, daß du dazu verdammt bist, dein ganzes Leben lang unglücklich zu sein. Sicher ist es leichter zu sagen: »Es ist nicht meine Schuld, daß mein Leben beschissen ist! Das liegt an dieser grauenhaften Sache, die mir passiert ist, und jetzt bin ich fertig mit der Welt.« ***Es erfordert eine unglaubliche Anstrengung, den Impuls zu bekämpfen, die Umstände dafür verantwortlich zu machen, warum du nicht das Leben führst, das du dir wünschst.*** Doch diese Mühe mußt du dir machen, wenn du auf die Beine kommen und wieder fröhlich sein willst.

Ich schlage vor, anstatt Mitglied in der »Blame Culture« zu werden, die sich durch ständige Schuldzuweisungen auszeichnet, schließt du dich der »Das haben wir wieder toll hingekriegt«-Kultur an und bemühst dich ernsthaft, einen heftigen Rückschlag im Leben zu bewältigen. Oprah Winfrey beispielsweise, die als junges Mädchen vergewaltigt wurde, nahm diesen Vorfall als zusätzlichen Impetus, um eine wichtige positive Kraft im Leben anderer zu werden und ihnen zu helfen, schwere Zeiten durchzustehen. Und denke an all die unzähligen anderen – Nelson Mandela, Helen Keller, Stephen Hawking, Lance Armstrong –, *die ihre größten Herausforderungen in ihre größten Triumphe umwandelten* und nobel und freudig andere inspirierten, nach mehr Freude, Frieden und Erfüllung zu streben.

SURVIVAL-STRATEGIE:

Du mußt nicht Oprah oder Mandela werden, um zur **»Das haben wir wieder toll hingekriegt«-Kultur** zu gehören. Du mußt dich lediglich weigern, ein Opfer zu sein. Dazu mußt du die Anstrengung, die es kostet, sich selbst aus dem Schlamm und Sumpf von **Schuldgefühlen** und **Hoffnungslosigkeit** zu ziehen, in Kauf nehmen. Tu es und **sei stolz** darauf.

Tip 72

Folge dem hellblau gepflasterten Weg.

Im Leben haben manche Wege mehr Löwen, Tiger und Bären als andere, oh je. Hätte ich Dorothy aus der Geschichte »Der Zauberer von Oz« begleitet, hätte ich an einem bestimmten Punkt vorgeschlagen, sie solle einen Weg ausprobieren, der nicht so beschwerlich ist wie der »gelbe Ziegelsteinweg«.

Das gleiche gilt für dich.

Wenn du in letzter Zeit das Gefühl hast, böse Menschen würden deinen Weg für immer blockieren und ganze Häuser voller Probleme würden vom Himmel fallen, ist es an der Zeit, diesen Weg neu zu bewerten.

In *Das tibetische Buch vom Leben und vom Sterben* steht folgendes wunderbare Gedicht von Portio Nelson mit dem Titel »Autobiographie in fünf kurzen Kapiteln«. Es beschreibt die Notwendigkeit, manchmal die Spur zu wechseln und einen anderen Weg zu finden.

1. Ich gehe die Straße entlang.
   Da ist ein tiefes Loch im Gehsteig.
   Ich falle hinein.
   Ich bin verloren ... Ich bin ohne Hoffnung.
   Es ist nicht meine Schuld.
   Es dauert endlos, wieder herauszukommen.

2. Ich gehe dieselbe Straße entlang.
Da ist ein tiefes Loch im Gehsteig.
Ich tue so, als sähe ich es nicht.
Ich falle wieder hinein.
Ich kann nicht glauben, schon wieder am gleichen Ort zu sein.
Aber es ist nicht meine Schuld.
Immer noch dauert es sehr lange, herauszukommen.

3. Ich gehe dieselbe Straße entlang.
Da ist ein tiefes Loch im Gehsteig.
Ich sehe es.
Ich falle immer noch hinein ... aus Gewohnheit.
Meine Augen sind offen.
Ich weiß, wo ich bin.
Es ist meine eigene Schuld.
Ich komme sofort heraus.

4. Ich gehe dieselbe Straße entlang.
Da ist ein tiefes Loch im Gehsteig.
Ich gehe darum herum.

5. Ich gehe eine andere Straße.

Meine Frage an dich: Bleibst du auf dem beschwerlichen Weg, weil es der einzige Weg ist, den du kennst? Bleibst du da, weil es der schwierigste Weg ist und du denkst, schwierig sei gut? Gibt es problemlose Wege, die du nehmen könntest? Solche, auf denen du es einfacher hättest und trotzdem deine Ziele erreichen könntest? Machst du dir überhaupt die Mühe, nach einer besseren Route Ausschau zu halten, einem ebenmäßigeren, nicht mit Löchern gepflasterten Weg?

SURVIVAL-STRATEGIE:

Fang mit deinen Zielen im Kopf noch einmal von vorne an. Wo willst du in fünf Jahren sein, in zehn Jahren, fünfzig Jahren? Befindest du dich auf dem Weg, der am wenigsten holprig, gewunden und problematisch ist? Denk dran: Der schwierigste Weg ist nicht immer der beste.

Tip 73

Das Leben ist selten geradlinig. Auf dem Weg zu deinen Zielen wird es immer Zickzack-Schlenker geben.

SURVIVAL-STRATEGIE:

Halte die Augen fest auf das gerichtet, was du erreichen willst.

Wie Henry Ford sagte: **»Hindernisse sind jene entsetzlichen Dinge, die wir immer dann sehen, wenn wir unsere Augen von unserem Ziel abwenden.«**

Tip 74

»Fürchte nicht so sehr den Tod als vielmehr das unerträgliche Leben.«

BERTOLT BRECHT

Erinnerst du dich, in der Einführung habe ich erklärt, daß schlimme Dinge genauso zu unserer Welt gehören wie die Schwerkraft und nichts sie davon abhalten kann, über uns zu kommen? Also … während ich an diesem Buch schrieb, wurde mein Vater sehr krank und starb. Ich wende die Techniken, die ich für das Buch recherchierte, fast täglich an, um über diesen Verlust hinwegzukommen. Großen Trost fand ich auch in einem meiner Lieblingsbücher, in *Das tibetanische Buch vom Leben und vom Sterben* von Rinpoche.

Es war interessant, dieses Buch in einer schweren Zeit nochmals zu lesen. Beim ersten Mal vor rund zehn Jahren hatte ich die Passagen über den Tod überblättert – weil ich dachte, für mich würden sie nicht zutreffen. Als ob meine Familie und ich gegen den Tod gefeit wären!

Rinpoche weiß um die Neigung der Gesunden und Umtriebigen, den Tod nicht wahrhaben zu wollen. Er ermahnt uns, das Leben Tag für Tag in dem Wissen zu gestalten, daß der Tod garantiert irgendwann kommt!

Und das bedeutet? **Wenn wir nicht aufpassen, gehen wir wie Schlafwandler durchs Leben – zu ängstlich, unsere wahren Gefühle zu spüren und nach unseren tiefsten Wünsche zu streben.**

Er spricht von der Tendenz im Westen, das Leben mit unwichtigen Aktivitäten (unseren To-Do-Listen) vollzustopfen, so daß wenig Zeit für das bleibt, was wirklich zählt. Er benennt sogar die Projekte, die wir als unsere »Verantwortlichkeiten« bezeichnen, in »Unverantwortlichkeiten« um, denn diese Dinge halten uns von den eigentlichen Aufgaben im Leben ab.

SURVIVAL-STRATEGIE:

Arbeite deine »To-Do«-Liste in eine **»Was-zählt-wirklich«-Liste** um und stecke sie in die Brieftasche, um sie regelmäßig anzuschauen. Nimm dir Zeit für deine Lieben, setze deine Signatur-Stärken ein, sei ehrlich und gebe großzügig.

Tip 75

Für beste Resultate regelmäßig anwenden.

Ich möchte dieses Buch mit einer glücklichen Note beschließen. *Und* ich wünsche dir, daß deine Geschichte ein gutes Ende findet! Deshalb verlasse ich dich mit einem meiner liebsten buddhistischen Märchen, das den Titel »Steve und Dr. Unsterblichkeit« trägt.

Es war einmal ein Typ namens Steve, der von einem Arzt in einem fernen Königreich erfuhr, der die Geheimnisse der Unsterblichkeit kenne. Wow! Ewig zu leben hörte sich für Steve gut an, und so flog er in den Himalaja, um dort soviel wie möglich von Dr. Unsterblichkeit zu lernen. Nachdem Steve aus dem Flugzeug gestiegen war, winkte er ein Taxi herbei.
»Sie wollen zu Dr. Unsterblichkeit? Hahaha«, lachte der Fahrer schallend.
»Was ist daran so komisch?«, fragte Steve.
»Dieser Quacksalber ist vor einer Stunde gestorben«, sagte der Fahrer.
»Verdammt«, sagte Steve mächtig enttäuscht. »Hätte ich nur einen früheren Flug genommen!«
»Was meinen Sie damit?«, fragte der Fahrer glucksend. »Wenn Dr. Unsterblichkeit starb, heißt das, der Knabe hat die Geheimnisse der Unsterblichkeit überhaupt nicht gekannt.«
Nun war es Steve, der zu glucksen anfing. »Nicht unbedingt«, sagte er. *»Zu wissen, wie etwas geht, und die Fähigkeit, es anzuwenden, sind zwei völlig verschiedene Dinge.* Dr. Unsterblichkeit kann sehr wohl alles gewußt haben, was er hätte machen müssen, um ewig zu leben – er hat sich aber schlicht nicht die Mühe gemacht, irgendetwas davon auch zu tun!«

Ich stimme Steve zu – absolut.

* * * * * * * * * * * * * * * *

SURVIVAL-STRATEGIE:

Die Tips in diesem Buch zu lesen ist eine Sache, **sie** auch **anzuwenden** ist eine ganz andere. Es ist an dir, **die Erkenntnisse zu nutzen** und in deinen Alltag einzubauen, damit du deine kleinen und großen Krisen gut überstehst und stärker und weiser denn je aus ihnen hervorgehst!

Ich möchte euch bitten, mir eure Erfolgsgeschichten mitzuteilen – erzählt mir, wie ihr eueren Tiefschlag in einen Triumph verwandelt habt und durch all das, was ihr durchgemacht habt, ein besserer Mensch geworden seid.

Schreibt mir an karen@notsalmon.com – und schaut immer mal wieder auf meiner Webseite vorbei. Ich würde euch sehr gerne persönlich kennenlernen, damit wir uns fest in den Arm nehmen können, denn hey, in dieser Welt kann es gar nicht genug Umarmungen geben!

Karen

KAREN SALMANSOHN war Creative Director in einer New Yorker Werbeagentur und gab dann den Job auf, um sich ganz ihrer Leidenschaft – dem Schreiben – zu widmen. Inzwischen ist die Amerikanerin Bestsellerautorin (mit über einer Million verkauften Büchern) und die Moderatorin von »Be Happy, Dammit«, einer Sendung, die vom Bestseller gleichen Titels inspiriert wurde. Besuchen Sie Karen Salmansohn auf ihrer Internetseite www.notsalmon.com.